읽는 재미를 높인 초등
KB164462
바빠
독해
시리즈
바쁜
초등학생을 위한
빠른 독해
비문학 지문도
재미있게
읽을 수 있어요!
6단계
초등 5~6학년

이지스에듀

영재 교육 선생님들의 선생님!

호사라 박사

분당 영재사랑(www.영재사랑.kr) 공동 대표
고려대학교 교육대학원 교수(전)
시도 교육청 영재교사연수 강사 역임

서울대학교 교육학과에서 학사와 석사 학위를, 버지니아 대학교(University of Virginia)에서 영재 교육학 박사 학위를 취득한 영재 교육 전문가이다. 미국 연방영재센터에서 영재 교사 연수 프로그램과 영재 교육 프로그램을 개발한 다음 귀국 후에는 한국교육개발원에서 '창의성 교육 프로그램'을, 한국교육학술정보원에서 'Creative Thinker' 프로그램을 개발했다. 또한 고려대학교 교육대학원과 각 시도교육청 산하 영재교육원 교사들을 위한 강의를 통해 한국영재교육 인력을 양성하고 있는 '선생님들의 선생님'이다.
분당에 영재사랑 교육연구소를 설립하여 유년기(6~13세) 영재들을 위한 논술, 수리, 탐구 프로그램을 직접 개발하여 수업을 진행하고 있다. 16년간의 지도 경험을 바탕으로 이번에는 모든 어린이를 위한 즐거운 독해 책을 고민하며 '바쁜 초등학생을 위한 빠른 독해' 시리즈를 출간했다.
저서로는 《7살 첫 국어 1. 받침 없는 교과서 낱말》, 《7살 첫 국어 2. 받침 있는 교과서 낱말》, 《바쁜 초등학생을 위한 빠른 맞춤법 1, 2》가 있다.

바쁜 초등학생을 위한 빠른 독해 6단계

초판 1쇄 발행 2022년 4월 25일
초판 3쇄 발행 2024년 9월 26일
지은이 분당 영재사랑 교육연구소, 호사라
발행인 이지연
펴낸곳 이지스퍼블리싱(주)
출판사 등록번호 제313-2010-123호
주소 서울시 마포구 잔다리로 109 이지스 빌딩 5층(우편번호 04003)
대표전화 02-325-1722 팩스 02-326-1723
이지스퍼블리싱 홈페이지 www.easyspub.com 이지스에듀 카페 www.easysedu.co.kr
바빠 아지트 블로그 blog.naver.com/easyspub 인스타그램 @easys_edu
페이스북 www.facebook.com/easyspub2014 이메일 service@easyspub.co.kr
본부장 조은미 책임 편집 정지연, 박지연, 김현주 교정·교열 김아롬 문제 검수 전수민
디자인 정우영 삽화 김학수, 이민영 사진 제공 Shutterstock.com 전산 편집 트인글터 인쇄 보광문화사
영업 및 문의 이주동, 김요한(support@easyspub.co.kr) 마케팅 라혜주 독자 지원 박애림, 김수경

ISBN 979-11-6303-342-4 64710
ISBN 979-11-6303-275-5 (세트)
가격 9,800원

- **이지스에듀**는 이지스퍼블리싱의 교육 브랜드입니다.
  (이지스에듀는 아이들을 탈락시키지 않고 모두 목적지까지 데려가는 정신으로 책을 만듭니다!)

어린이 여러분에게!

안녕하세요! 저는 어린이들에게 사고력과 효율적인 공부법을 17년째 가르쳐 온 호 박사예요. 여러분이 바빠 독해 1~5단계를 만났다면, 제가 이 책을 왜 쓰게 되었는지 이미 알고 있을 거예요.

아! 1~5단계를 못 만났다고요? 그렇다면 제 꿈 이야기를 다시 들려드릴게요.
어느 날 꿈속에서 저는 네 어린이의 대화를 엿듣게 되었어요.

이 꿈 이후로 저는 머리에 띠를 두르고 책을 쓰기 시작했어요. 심심하지 않고, 대충대충 읽는 습관을 고치고, 혼나지 않고, 웃으면서 즐겁게 공부할 수 있는 책을 상상하면서요.
1~2단계는 저학년 친구들, 3~4단계는 3, 4학년 친구들을 위한 것이었다면, 5~6단계는 중학교 입학을 앞둔 고학년 친구들의 독해력을 더 높은 수준으로 끌어올릴 수 있도록 만들었답니다. 이 책이 여러분의 독해력을 키우는 밑거름이 되길 바랄게요!

분당에 사는 '호박 사' 아니고 호 박사가.

초등 5·6학년 학부모님께

읽는 재미를 높인 초등 문해력 향상 프로그램

"재미있고 궁금해서 자꾸 읽고 싶은 독해 책이에요!"

한층 어려워진 5, 6학년 교과서 지문!

'어렵다!' 5, 6학년 교과서를 받아 본 학부모님들이 이구동성으로 하는 말씀입니다. 교과서 지문이 길어지고 어휘의 수준이 올라간 것에 그치지 않고, 다양한 방면의 배경지식 없이는 내용을 완벽하게 파악하는 것이 불가능하다는 것을 직감하기 때문입니다. 게다가 중학교 입학이 코앞인지라 학부모님들은 독해력을 기를 만한 교재를 부랴부랴 찾게 됩니다.

모든 공부의 기본! '독해력'

'독해력'이란 '글을 읽고 의미를 이해하는 능력'입니다. 문제 상황을 글로 제시하고 해결하도록 하는 학교 평가에서 높은 성취를 이루려면, '독해력'이 필수입니다. 독해력은 글의 내용과 내가 기억하고 이해한 내용이 얼마나 일치되는지 적극적으로 확인하는 과정을 반복하면서 길러집니다. 이때 거치는 과정은 학생들의 발달 단계에 맞게 차별화되어야 합니다.

5, 6학년 국어과 성취 기준에 딱 맞춘 책!

5, 6학년 학생에게는 어떤 과정이 알맞을까요? 교육부가 제시한 초등 5, 6학년 국어과 성취 기준 중에서 특히 독해력과 관련하여 5, 6학년 시기에 놓치지 말아야 할 것은 아래와 같습니다.

나. 읽기	[6국02-02] 글의 구조를 고려하여 글 전체의 내용을 요약한다. [6국02-03] 글을 읽고 글쓴이가 말하고자 하는 주장이나 주제를 파악한다. [6국02-04] 글을 읽고 내용의 타당성과 표현의 적절성을 판단한다. [6국02-05] 매체에 따른 다양한 읽기 방법을 이해하고 적절하게 적용하며 읽는다.
라. 문법	[6국04-02] 국어의 낱말 확장 방법을 탐구하고 어휘력을 높이는 데에 적용한다. [6국04-03] 낱말이 상황에 따라 다양하게 해석됨을 탐구한다. [6국04-04] 관용 표현을 이해하고 적절하게 활용한다. [6국04-05] 국어의 문장 성분을 이해하고 호응 관계가 올바른 문장을 구성한다.

'바빠 독해'는 위 성취 기준에 기반을 둔 프로그램입니다. 어린이는 소리 내어 지문을 읽는 것으로 시작해서 글의 중심 생각을 파악하며 세부 내용을 확인한 뒤, 내용을 정리하는 과정을 반복하여 접하게 됩니다. 특히, 중·고등학교 국어 시험과 수능에 자주 출제되는 종합력, 분석력, 사고력 문항에 차츰 익숙해지면서 글을 보는 다양한 시각을 갖출 수 있게 됩니다.

5, 6학년이 직접 고른 재미있는 이야기들

아무리 좋은 책이라도 책꽂이에 꽂혀만 있다면 무용지물이기에 저는 '어린이들의 관심'에서 책이 출발해야 한다고 생각했습니다. 그래서 5, 6학년 교과서를 펼치고 연관 주제를 뽑아 목록을 만든 뒤 5, 6학년 제자들에게 보여 주며 관심 가는 주제를 직접 골라 보라고 했습니다. "이것은 꼭 넣어 주세요, 저것은 절대 넣지 말아 주세요."라고 주문하던 아이들의 모습이 생생합니다.

'문해력'도 함께 길러요!

최근 '문해력'이 주목받고 있습니다. 문해력은 독해력에서 한 걸음 더 나아가 생각을 언어로 표현하는 능력까지 포괄하는 개념입니다. 우리는 글이라는 하나의 세계로 깊이 들어갈 때 이해도 잘하고, 자신만의 생각도 하게 됩니다. 그래서 저는 이 책에 어린이들이 자신을 대입해 볼 수 있는 친구들을 등장시켰습니다. 또래 친구들과 귀여운 동물 친구인 '바빠독, 바쁘냥'에게 자신을 대입해 보면서 글 속으로 풍덩 빠져든다면 '문해력'도 함께 기를 수 있습니다.

초등 교과의 배경지식이 저절로!

이 책은 '고사성어, 교과 과학, 생활문, 교과 사회'로 구성되어 있습니다. '국어', '사회', '과학' 교과와 연계된 글감을 넣었으니, 이 책을 읽기만 해도 학교 공부에 바로 도움이 될 것입니다.

우리 아이들이 '바빠 독해' 책으로 더 즐겁게 독해력, 문해력을 키우기를 진심으로 바랍니다!

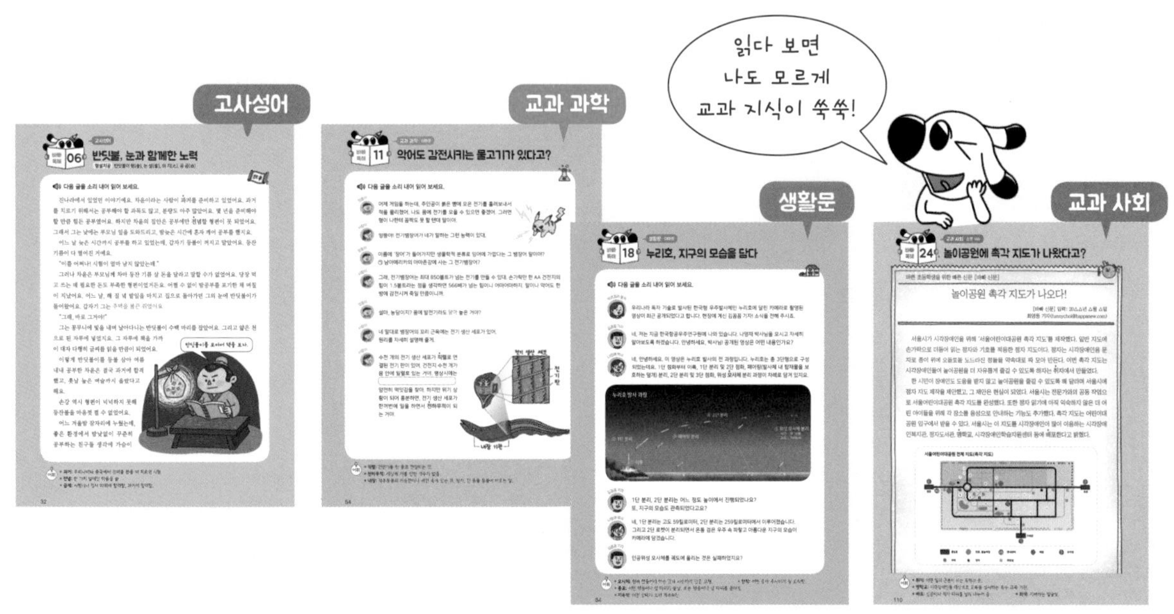

분당 영재사랑 교육연구소, 호사라 박사

이 책을 효과적으로 공부하는 방법

이 책은 반드시 소리 내어 읽는 것으로 시작하세요.
소리 내어 읽으면 내용을 상상하고 머릿속에서 정리 정돈하게 돼요.

1. 종합력

내용을 축약해 보자!
읽은 글의 주장, 주제, 중심 생각을 한 문장으로 표현해 보세요.

1 종합력 '토사구팽'의 뜻을 설명한 문장을 완성하세요.

보기: 사냥개 버린다 토끼 챙긴다

사냥꾼이 [ ] 사냥을 끝내면 [ ]를 삶아 먹듯이 필요할 때는 가까이 두다가 필요 없으면 야박하게 [ ]는 뜻.

2. 이해력

자세히 들여다보자!
'누가, 무엇을, 어떻게, 언제, 왜?' 읽은 글의 중심 내용을 떠올려 보세요.

2 이해력 [ ] 안에 들어갈 내용으로 알맞은 것에 O표 하세요.

❶ 제나라로 도피한 범려는 구천의 [불같은 | 물 같은 | 바람 같은] 성격 때문에 문종에게 큰 화가 있을지 모른다는 생각을 했어요.

❷ 문종은 구천이 자신의 [자존심 | 인내심 | 충성심]을 알기 때문에 자신을 버리지 않을 것이라고 생각했어요.

3. 추론 능력

빈칸의 내용을 추측해 보자!
앞뒤 흐름을 살펴보며 빈칸에 들어갈 내용을 추측해 보세요.

3 추론 능력 이야기를 생각하며 빈칸에 들어갈 내용을 고르세요. ( )

전쟁이 끝났으니 [ ]

① 폐하는 자네에게 중요한 일을 맡길 걸세.
② 폐하에게 큰 상금을 달라고 하게.
③ 폐하에게 자네처럼 뛰어난 부하는 필요 없다네.

4. 분석력

각 부분의 성격을 파악해 보자!
각 부분의 관계와 역할을 따져 보며 '독해력'을 꼼꼼하게 길러 보세요.

4 분석력 범려의 편지에 담긴 비유적 표현을 분석한 것입니다. 빈칸에 들어갈 낱말을 순서대로 말한 친구의 번호를 쓰세요. ( )

대상	비유하는 표현	비유한 까닭
전쟁터	새 사냥 (가)	목적을 이루기 위해 도움이 필요한 상황이기 때문에
(나)	좋은 활 사냥개	필요가 없어서 버려질 것이기 때문에

① 
(가) 토끼 사냥
(나) 문종

② 
(가) 제나라
(나) 구천

5. 사고력

한 걸음 떨어져서 생각하자!

글의 제목, 문장, 문단의 성격, 인물의 태도 등에 대해 비판적으로 따져 보며 '문해력'도 길러 보세요.

5 사고력 다음 중 야박하게 문종을 내친 구천의 행동을 가장 잘 표현한 속담을 골라 [ ] 안에 직접 쓰세요.

- ✿ 백지장도 맞들면 낫다: 아무리 쉬운 일도 혼자 하는 것보다 여럿이 하는 것이 낫다는 뜻.
- ✿ 달면 삼키고 쓰면 뱉는다: 제게 이로우면 이용하고, 필요하지 않으면 버린다는 뜻.
- ✿ 하룻강아지 범 무서운 줄 모른다: 아직 철이 없어서 아무 것도 모르는 것을 두고 하는 말.

알맞은 속담을 쓰세요.

6. 내용 정리

글의 짜임새를 되새기자!

중심 내용을 떠올리며 읽은 글의 짜임새를 저장하세요! 읽은 글의 내용을 4단계로 요약할 수 있다면 독해력의 90%는 완성된 거나 마찬가지예요!

6 내용 정리 이야기의 뼈대와 줄거리입니다. 빈칸에 들어갈 말을 골라 쓰세요.

보기: 도피 반성 구천 문종 제나라 월나라 목적 반역

구천, 범려, 문종의 관계	구천은 전쟁을 통해 [ ]를 강국으로 만들었어요. 그리고 자신을 도와 큰 공을 세운 범려와 문종을 높은 자리에 앉혔지요.
범려의 [ ]	구천이 [ ]을 이루면 신하를 헌신짝 버리듯 내칠 거라고 생각한 범려는 슬그머니 월나라를 떠나 [ ]로 도피했지요.
범려가 문종에게 편지를 보냄	친구 [ ]이 걱정된 범려는 토끼 사냥이 끝나면 사냥개가 삶아 먹힌다는 내용의 편지를 보냈어요.
[ ]이 문종을 내침	문종은 편지의 속뜻을 알아챘지만 설마 하며 머뭇거렸어요. 그러나 문종이 [ ]을 꾀한다는 소문이 돌자 구천은 야박하게 그를 처형하라는 명을 내렸지요.

7. 어휘력

문법 실력도 기르자!

낱말의 기본형을 익히고, 동형어, 다의어, 복합어 등을 배워 어휘력을 확장하고, 중학 국어 문법의 기초도 닦아 보세요.

7 어휘력 밑줄 친 관용 표현이 어떤 뜻에 해당하는지 바르게 설명한 것을 고르세요. ( )

> 폐하는 목적을 이루면 아무리 오랫동안 충성을 다한 신하라도 <u>헌신짝 버리듯</u> 내치실 분이야.

① 호된 꾸지람이나 나무람을 이르는 말.
② 필요할 때 잘 쓰다가 다 쓰면 아까울 것 없이 내버리다.

차 례

바쁜 초등학생을 위한 빠른 독해 6단계

셋째 마당 생활문

넷째 마당 교과 사회

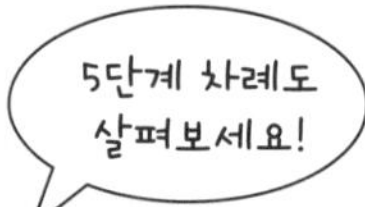

바쁜 초등학생을 위한 빠른 독해 5단계

고사성어

고사성어는 옛이야기에서 유래된 말로 삶의 지혜와 교훈을 담고 있어요. 한글이 없던 옛날 우리 민족은 중국의 한자를 빌려 썼기 때문에 우리 언어에는 고사성어를 비롯한 한자어가 많이 녹아 있답니다. 그래서 고사성어를 잘 알면 글을 더 깊이 이해할 수 있어요. 또한 비유적인 표현이 많고, 관용 표현으로도 널리 쓰이기 때문에 고사성어를 상황에 알맞게 사용하면 여러분의 언어생활은 더욱 풍요로워질 거예요. 아울러 사고력 문항에서 다양한 속담도 배울 수 있게 구성했으니 첫째 마당을 통해 여러분의 독해력과 어휘력을 한층 높이는 기회를 가져 보세요.

공부할 내용!	공부한 날짜
01 포개 놓은 알처럼 위태롭다 누란지위	월 일
02 토끼 사냥이 끝나면 사냥개는 잡아먹힌다 토사구팽	월 일
03 배에 표시를 하고 칼을 구하다 각주구검	월 일
04 용의 머리와 뱀의 꼬리 용두사미	월 일
05 늙은이의 말 새옹지마	월 일
06 반딧불, 눈과 함께한 노력 형설지공	월 일

고사성어

포개 놓은 알처럼 위태롭다

누란지위 포갤 누(累), 알 란(卵), ~의 지(之), 위태할 위(危)

다음 글을 소리 내어 읽어 보세요.

옛날 중국에는 뛰어난 말솜씨로 왕의 호감을 사서 출세하려는 자가 많았어요. 위나라의 범수도 그런 자 중 하나였는데, 가난한 집안 출신이라 기회가 좀처럼 오지 않았어요. 그러던 중 범수는 위나라 대신인 수가의 눈에 들었어요. 수가는 이웃 나라인 제나라에 외교관으로 가면서 범수를 데리고 갔어요.

제나라의 왕을 만난 수가는 외교를 펼쳤지만 별다른 성과가 없었어요. 반면 범수는 현란한 말솜씨로 제나라 왕에게 깊은 인상을 남겼지요. 제나라 왕은 범수가 마음에 들었는지 큰 선물을 보냈어요. 그러나 범수는 정중하게 거절하였어요. 자칫하면 괜한 의심을 살 수도 있기 때문이에요.

아니나 다를까 위나라로 돌아오자마자 일이 터졌어요. 질투가 났던 수가가 범수를 모함한 것이지요.

"폐하, 범수는 제나라 첩자이옵니다!"

마른하늘에 날벼락처럼 범수에게 위기가 닥쳤어요. 온갖 고문을 당한 범수는 거의 죽을 지경이 되었어요. 감옥을 지키던 간수는 범수의 숨이 곧 끊어질 거로 생각하고 범수를 거적에 둘둘 말아 내동댕이쳤어요.

'억울하구나! 어찌 이리 뒤통수를 친단 말인가?'

그러나 범수는 정신을 바짝 차렸어요. 그는 간수를 불러, 자신을 살려 주면 훗날 크게 보답하겠다며 설득했지요. 그의 말솜씨에 넘어간 간수는 거적 속의 죄인이 죽었다며 내다 버리는 척하여 그의 목숨을 살려 주었어요.

- **거적:** 짚을 꼬아 만든 새끼로 넓게 짜서 만든 물건으로 곡식을 말리거나 물건을 덮을 때 썼음.
- **안목:** 사물과 세상을 보고 분별하는 지혜.

그렇게 겨우 살아난 범수는 한동안 몸을 숨기며 지냈어요. 그러다가 아는 사람의 도움을 받아 위나라를 방문한 진나라 사신 왕계를 만나게 되었지요. 왕계는 범수의 말솜씨와 세상을 보는 안목이 마음에 들었어요. 그래서 그를 자기 하인으로 변장시켜 진나라로 피신시켰어요.

왕계는 범수를 진나라 왕에게 소개했어요. 진나라 왕은 범수에게 세상 돌아가는 이야기를 좀 해 보라고 했지요.

"지금 진나라의 형편은 마치 알을 쌓아 놓은 모습처럼 위태롭습니다. 주변국의 움직임을 잘 살피고 대책을 세우실 때입니다. 만약 저를 발탁하시면 최선을 다해 폐하의 나라가 평안하도록 하겠습니다."

진나라 왕은 범수의 말이 (들어갈 내용을 추측해 보세요.). 그래서 그에게 재능을 펼칠 기회를 주었어요. 결국 범수는 진나라의 신하로 정치적, 외교적 역량을 마음껏 발휘했어요. 또한 훗날 자신을 죽음으로 내몬 수가는 혼내 주고, 목숨을 살려 준 간수에게는 보답을 했답니다.

↳3번 추론 능력 문제

1 종합력

'누란지위'의 뜻을 설명한 문장을 완성하세요.

보기: 알 | 위태로운 | 위대한 | 쌓아

빈칸을 채우면 낱말 중 1개가 남아요!

여러 개의 [ ]을 [ ] 놓은 것처럼 [ ] 형편이다.

2 이해력

[ ] 안에 들어갈 내용으로 알맞은 것에 O표 하세요.

1. 수가는 범수가 [제나라 | 위나라 | 진나라]의 첩자라며 모함을 했어요.
2. 진나라 왕에게 범수를 데려간 사람은 [간수 | 수가 | 왕계]예요.

3 이야기를 생각하며 빈칸에 들어갈 내용을 고르세요. (　　　)

추론 능력

진나라 왕은 범수의 말이 [　　　　　　]

① 기분이 나빴어요.
② 마음에 들었어요.
③ 의심이 되었어요.

4 아래 범수의 말에서 밑줄 친 부분이 비유하는 대상이 무엇인지 제대로 설명한 친구의 번호를 쓰세요. (　　　)

분석력

지금 진나라의 형편은 마치 <u>알을 쌓아 놓은 모습처럼</u> 위태롭습니다. 주변국의 움직임을 잘 살피고 대책을 세우실 때입니다.

① 주변국들의 움직임을 비유한 거야.

② 진나라의 형편을 비유한 거야.

비유하는 표현은 대상 하나를 다른 대상에 빗대어 표현하기 때문에 두 대상 사이에는 공통점이 있어요.

5 다음 중 간수를 설득하여 살아난 범수를 가장 잘 표현한 속담을 골라 [　　] 안에 직접 쓰세요.

사고력

☆ 가는 날이 장날이다: 뜻하지 않은 일이 우연하게도 잘 들어맞았다는 뜻.

☆ 아니 땐 굴뚝에 연기 나랴: 반드시 원인이 있어야 결과가 생긴다는 뜻.

☆ 하늘이 무너져도 솟아날 구멍이 있다: 아무리 큰 위기가 닥치더라도 그것에서 벗어날 길은 있다는 뜻.

알맞은 속담을 쓰세요.

6 이야기의 뼈대와 줄거리입니다. 빈칸에 들어갈 말을 골라 쓰세요.

내용 정리

빈칸을 채우면 낱말 중 1개가 남아요!

보기 안목 위나라 모함 수가 고문 재능 말솜씨 날개

범수의 출세	( )의 범수는 대신인 ( )의 눈에 들어 제나라에 가게 되었어요. 제나라 왕은 범수가 마음에 들어 큰 선물을 보냈지만 범수는 괜한 의심을 살 수 있어 거절했어요.
수가의 ( )	질투가 났던 수가는 위나라로 돌아오자마자 범수가 제나라 첩자라며 모함했고, 온갖 ( )을 당한 범수는 죽을 지경이 되었지요.
목숨을 구한 범수와 진나라 왕과의 만남	겨우 살아난 범수는 자신의 ( )와 세상을 보는 ( )을 마음에 들어 한 왕계 덕분에 진나라로 피신하여 진나라 왕을 만나게 되었어요.
진나라에서 재능을 펼친 범수	진나라 형편은 마치 알을 쌓아 놓은 모습처럼 위태롭다는 범수의 말에 진나라 왕은 범수에게 ( )을 펼칠 기회를 주었어요. 훗날 범수는 수가는 혼내 주고, 간수에게는 보답을 했답니다.

7 밑줄 친 관용 표현이 어떤 뜻에 해당하는지 바르게 설명한 것을 고르세요. ( )

어휘력

마른하늘에 날벼락처럼 범수에게 위기가 닥쳤어요.

① 뜻하지 않게 갑자기 당하는 불행이나 재난을 이르는 말.

② 갑자기 여러 행운이 함께 벌어짐을 이르는 말.

※ 원래의 뜻이 아니라 새로운 뜻으로 굳어진 표현을 관용 표현이라고 해요.

바빠 독해 02

고사성어

토끼 사냥이 끝나면 사냥개는 잡아먹힌다

토사구팽 토끼 토(兎), 죽을 사(死), 개 구(狗), 삶을 팽(烹)

다음 글을 소리 내어 읽어 보세요.

오래전 중국의 월나라에서 있었던 일이에요. 월나라 왕 구천은 주변 나라들과의 전쟁에서 연거푸 승리하며 월나라를 강국으로 우뚝 세웠어요.

그런 그를 도와 큰 공을 세운 두 신하가 있었어요. 바로 범려와 문종이었지요. 전쟁을 끝낸 뒤, 구천은 범려와 문종을 아주 높은 자리에 앉혔어요. 다른 신하들은 범려와 문종을 찾아와 축하 인사를 건넸어요.

"그동안 전쟁터에서 온갖 고생을 다 하셨는데, 이리 보상을 받으시는군요."

그런데 범려의 마음은 복잡했어요.

'내가 그동안 폐하와 온갖 고생을 함께했지만, 앞으로 얼마나 폐하를 더 믿고 따라야 할지 모르겠어. 폐하는 목적을 이루면 아무리 오랫동안 충성을 다한 신하라도 헌신짝 버리듯 내치실 분이야.'

고민 끝에 범려는 슬그머니 월나라를 떠났어요.

제나라로 도피하여 숨어 지내던 범려는 한편으로 친구 문종이 염려되었어요. 구천의 불같은 성격 때문에 어쩌면 문종에게 큰 화가 있을지 모른다는 생각이 들었지요. 그는 은밀하게 문종에게 편지를 보냈어요.

"이보게, 문종. 그간 잘 지냈나? 새 사냥이 끝나면 아무리 좋은 활이라도 어두운 곳에 처박히고, 토끼 사냥이 끝나면 아무리 열심히 뛴 사냥개라도 삶아 먹힌다네."

- **연거푸:** 여러 번 되풀이하여.
- **강국:** 군사력과 경제력이 뛰어나 주변 나라가 그 힘을 인정하는 나라.
- **싱숭생숭하다:** 마음이 안정되지 못하고 불안하다.
- **야박하다:** 차갑고, 냉정하며, 인정이 없다.

편지에 담긴 속뜻은 '전쟁이 끝났으니 (   ). 어서 피신하게.'였어요. 혹시라도 편지를 들키면 친구가 곤란할까 봐 하고 싶은 말을 사냥에 빗대어 표현한 것이지요. 편지를 받은 문종은 친구 범려가 하려는 말이 무엇인지 바로 알아차렸어요. 문종은 마음이 싱숭생숭했지요.

'폐하의 변덕을 모르는 바는 아니지만, 그동안 수많은 전쟁터에서 내가 보여 드린 충성심을 알고 계실 텐데, 설마 나를 버리실까?'

이렇게 문종이 갈팡질팡하며 머뭇거리던 중 결국 일이 터졌어요. 문종이 반역을 꾀하고 있다는 소문이 돈 것이에요. 문종은 구천에게 억울함을 호소했지만, 구천은 듣는 척도 하지 않고 야박하게 그를 처형하라는 명을 내렸어요. 그제야 문종은 친구의 경고를 듣지 않은 것을 후회했지만 소용이 없었답니다.

1 종합력

'토사구팽'의 뜻을 설명한 문장을 완성하세요.

보기

사냥개 | 버린다 | 토끼 | 챙긴다

사냥꾼이 [   ] 사냥을 끝내면 [   ]를 삶아 먹듯이 필요할 때는 가까이 두다가 필요 없으면 야박하게 [   ]는 뜻.

2 이해력

[   ] 안에 들어갈 내용으로 알맞은 것에 O표 하세요.

❶ 제나라로 도피한 범려는 구천의 [불같은 | 물 같은 | 바람 같은] 성격 때문에 문종에게 큰 화가 있을지 모른다는 생각을 했어요.

❷ 문종은 구천이 자신의 [자존심 | 인내심 | 충성심]을 알기 때문에 자신을 버리지 않을 것이라고 생각했어요.

3 이야기를 생각하며 빈칸에 들어갈 내용을 고르세요. (　　　)

추론 능력

전쟁이 끝났으니

[　　　　　　　　]

① 폐하는 자네에게 중요한 일을 맡길 걸세.

② 폐하에게 큰 상금을 달라고 하게.

③ 폐하에게 자네처럼 뛰어난 부하는 필요 없다네.

4 범려의 편지에 담긴 비유적 표현을 분석한 것입니다. 빈칸에 들어갈 낱말을 순서대로 말한 친구의 번호를 쓰세요. (　　　)

분석력

대상	비유하는 표현	비유한 까닭
전쟁터	새 사냥	목적을 이루기 위해 도움이 필요한 상황이기 때문에
	(가)	
(나)	좋은 활	필요가 없어서 버려질 것이기 때문에
	사냥개	

① 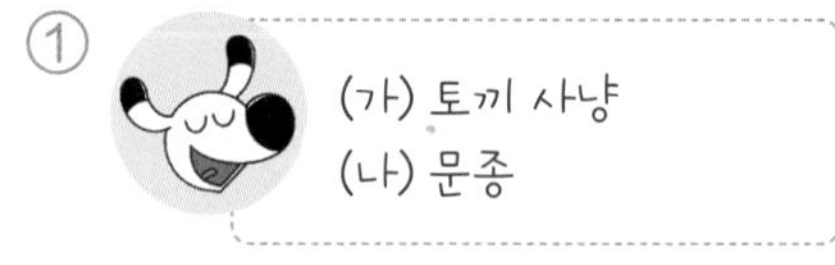

(가) 토끼 사냥
(나) 문종

② 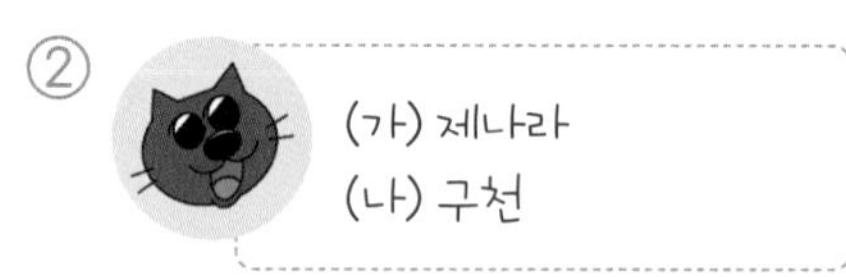

(가) 제나라
(나) 구천

5 다음 중 야박하게 문종을 내친 구천의 행동을 가장 잘 표현한 속담을 골라 [　　] 안에 직접 쓰세요.

사고력

☆ 백지장도 맞들면 낫다: 아무리 쉬운 일도 혼자 하는 것보다 여럿이 하는 것이 낫다는 뜻.

☆ 달면 삼키고 쓰면 뱉는다: 제게 이로우면 이용하고, 필요하지 않으면 버린다는 뜻.

☆ 하룻강아지 범 무서운 줄 모른다: 아직 철이 없어서 아무 것도 모르는 것을 두고 하는 말.

알맞은 속담을 쓰세요.

6 이야기의 뼈대와 줄거리입니다. 빈칸에 들어갈 말을 골라 쓰세요.

내용 정리

보기							
도피	반성	구천	문종	제나라	월나라	목적	반역

구천, 범려, 문종의 관계	구천은 전쟁을 통해 [ ]를 강국으로 만들었어요. 그리고 자신을 도와 큰 공을 세운 범려와 문종을 높은 자리에 앉혔지요.
↓	
범려의 [ ]	구천이 [ ]을 이루면 신하를 헌신짝 버리듯 내칠 거라고 생각한 범려는 슬그머니 월나라를 떠나 [ ]로 도피했지요.
↓	
범려가 문종에게 편지를 보냄	친구 [ ]이 걱정된 범려는 토끼 사냥이 끝나면 사냥개가 삶아 먹힌다는 내용의 편지를 보냈어요.
↓	
[ ]이 문종을 내침	문종은 편지의 속뜻을 알아챘지만 설마 하며 머뭇거렸어요. 그러나 문종이 [ ]을 꾀한다는 소문이 돌자 구천은 야박하게 그를 처형하라는 명을 내렸지요.

7 밑줄 친 관용 표현이 어떤 뜻에 해당하는지 바르게 설명한 것을 고르세요. (   )

어휘력

> 폐하는 목적을 이루면 아무리 오랫동안 충성을 다한 신하라도 <u>헌신짝 버리듯</u> 내치실 분이야.

① 호된 꾸지람이나 나무람을 이르는 말.

② 필요할 때 잘 쓴 다음 아까울 것 없이 내버린다는 말.

바빠 독해 03

고사성어

배에 표시를 하고 칼을 구하다

각주구검 새길 각(刻), 배 주(舟), 구할 구(求), 칼 검(劍)

다음 글을 소리 내어 읽어 보세요.

나루터에 사람들이 배를 타려고 몰려들었어요. 바람에 물결이 일렁거리자 사람들은 걱정을 하며 뱃사공에게 물었어요.

"날씨가 이런데 배를 띄울 수 있겠소?"

뱃사공은 아무렇지도 않은 듯 노를 잡으며 말했어요.

"아이고, 걱정하지 마십시오. 이 정도 바람은 늘 있습니다요."

안심이 된 사람들은 하나둘 배에 올라탔지요. 보따리를 든 노인, 닭을 든 농부, 아이의 손을 꼭 잡은 아주머니 등 저마다 자리를 잡았어요.

그런데 칼 하나를 꼭 끌어안고 배에 오른 젊은이가 유독 눈에 띄었어요. 가만히 그 모습을 지켜보던 한 아주머니가 말을 걸었어요.

"그리 단단히 잡고 있는 것을 보니 아주 소중한 칼인가 보오?"

"네, 가보랍니다. 아버지께 물려받은 칼이지요."

젊은이는 자랑스럽게 칼을 들어 보이며 웃었어요.

그런데 배가 출발한 지 얼마 되지 않아 젊은이는 속이 울렁거리기 시작했어요. 그 모습을 본 아주머니는 안타까운 표정으로 말했어요.

"아이고, 뱃멀미를 하나 보네."

배는 출렁거렸고, 젊은이의 몸은 계속 흔들렸지요. 그런데 뱃멀미로 고생하던 젊은이가 그만 실수로 칼을 놓치고 말았어요. 칼은 강물에 풍덩 빠져 버렸어요.

"앗, 이걸 어쩌나!"

안절부절못하던 젊은이는 갑자기 품에서 주머니칼을 꺼냈어요.

- **가보:** 한 집안에서 대를 물려 전해 오거나 전해질 보배로운 물건.
- **안절부절못하다:** 마음이 초조하고 불안하여 어쩔 줄 모르다.('안절부절하다'는 표준어가 아니에요.)
- **융통성:** 그때그때 상황에 맞게 일을 처리하는 재주.
- **미련하다:** 매우 어리석고 둔하다.

그리고 칼을 떨어뜨린 자리의 나룻배에 자국을 내며 중얼거렸어요.

"이 자리에서 칼을 떨어뜨렸어. 강 건너편에 도착하면 다시 이 자리로 와서 칼을 찾아야지!"

배가 강 건너편에 닿자 젊은이는 자신이 배에 새긴 표시를 보고 바로 앞 강물로 뛰어들었어요. 그러고는 이리저리 헤엄을 치며 칼을 찾았지요. 하지만 (   ).

물에 빠진 생쥐 꼴로 올라온 젊은이를 보고 뱃사공이 물었어요.

"이보시오. 뭐 하시오?"

"칼을 빠트린 자리를 배에 표시해 두었습지요. 표시해 둔 쪽의 강물에 들어가 칼을 찾았는데, 칼이 보이지가 않습니다."

뱃사공이 혀를 차며 말했어요.

"배가 움직이는데 표시 아래에 칼이 있을 턱이 있소? 이리도 융통성이 없어서야!"

같이 배에 탔던 노인도 한마디 했어요.

"칼을 떨어뜨린 곳과 이곳은 완전히 다른 곳이오. 상황에 맞게 생각해야지."

그제야 젊은이는 자신의 미련함을 깨달았답니다.

1 종합력

'각주구검'의 뜻을 설명한 문장을 완성하세요.

표시　　미련한　　똑똑한　　융통성

칼을 강에 떨어뜨리자 배에 [   ] 하고 나중에 찾으려는 것처럼 [   ] 없이 상황에 맞지 않게 [   ] 행동을 한다는 뜻.

2 이해력

[   ] 안에 들어갈 내용으로 알맞은 것에 O표 하세요.

❶ 젊은이의 칼은 [할아버지 | 할머니 | 아버지]께 물려받은 것이었어요.

❷ 젊은이는 [설사 | 뱃멀미 | 열감기]로 고생하다가 칼을 떨어뜨렸어요.

3 추론 능력 **이야기를 생각하며 빈칸에 들어갈 내용을 고르세요. (　　　)**

그러고는 이리저리 헤엄을 치며 칼을 찾았지요. 하지만 (　　　　　　)

① 그곳은 물이 너무 깊었어요.
② 그곳에 칼이 있을 리 없지요.
③ 그곳에 찾던 보따리는 없었지요.

4 분석력 **이 이야기에서 절정에 해당하는 내용을 고르세요. (　　　)**

①	②	③
보따리를 든 노인, 닭을 든 농부, 아이의 손을 꼭 잡은 아주머니 등 저마다 자리를 잡는 부분.	뱃멀미로 어지러워하던 젊은이가 칼을 놓친 뒤 안절부절못하는 부분.	물에 빠진 생쥐 꼴이 된 젊은이에게 뱃사공과 노인이 한마디씩 하는 부분.

이야기에서 긴장감이 가장 높아지는 부분을 '절정'이라고 해요.

5 사고력 **다음 중 배에 표시를 하는 젊은이를 가장 잘 표현한 속담을 골라 (　　) 안에 직접 쓰세요.**

☆ 하나는 알고 둘은 모른다: 도무지 융통성이 없고 미련하다는 뜻.

☆ 하나를 알면 열을 안다: 어떤 한 가지를 보고 전체를 알 만큼 똑똑하다는 뜻.

☆ 윗물이 맑아야 아랫물이 맑다: 윗사람이 잘 해야 아랫사람이 따라서 잘한다는 뜻.

알맞은 속담을 쓰세요.

6 이야기의 뼈대와 줄거리입니다. 빈칸에 들어갈 말을 골라 쓰세요.

내용 정리

보기 상황 젊은이 뱃사공 날씨 칼 실수 가보 나이

사람들이 배에 올라탐	[ ]를 걱정하던 사람들이 [ ]의 말에 안심하고 하나둘 배에 올라탔어요.
젊은이의 가보 자랑	[ ] 하나를 꼭 끌어안고 배에 오른 젊은이는 소중한 것이냐는 아주머니의 말에 [ ]라며 자랑스럽게 칼을 들어 보였지요.
칼을 놓친 [ ]의 행동	뱃멀미로 고생하던 젊은이는 [ ]로 칼을 놓치고 말았어요. 그러자 젊은이는 나룻배에 칼을 떨어뜨린 자리를 표시해 두었어요.
건너편에서 칼을 찾는 젊은이와 사람들의 반응	강 건너편에 도착한 젊은이는 강물에 뛰어들어 칼을 찾았어요. 그 모습을 본 뱃사공은 융통성이 없다며 혀를 찼고, 같이 배에 탔던 노인도 [ ]에 맞게 생각하라며 한마디 했지요.

7 밑줄 친 관용 표현이 어떤 뜻에 해당하는지 잘 설명한 것을 고르세요. (   )

어휘력

물에 빠진 생쥐 꼴로 올라온 젊은이를 보고 뱃사공이 물었어요.

① 물에 흠뻑 젖어 모습이 초췌하다는 뜻.

② 수영을 아주 잘한다는 뜻.

고사성어

바빠 독해 04

용의 머리와 뱀의 꼬리

용두사미 용 용(龍), 머리 두(頭), 뱀 사(蛇), 꼬리 미(尾)

다음 글을 소리 내어 읽어 보세요.

옛날에 진존자라는 명성 높은 스님이 있었어요. 진존자는 짚신을 만들어 산길의 나뭇가지에 매달아 두곤 했어요. 어린 스님들이 그에게 물었지요.

"스님, 멀쩡한 짚신을 왜 버리시는 겁니까?"

"허허허! 짚신이 해어져 곤란한 나그네들에게 보탬이 될까 걸어 두는 게지."

(   ) 진존자의 깊은 생각에 어린 스님들은 그를 존경의 눈빛으로 바라보았어요.

어느 날 진존자가 머무는 절에 처음 보는 젊은 스님이 왔어요. 진존자가 인사를 건네자, 그 스님은 "에잇!" 하는 외마디로 응답했어요. 진존자는 깜짝 놀라 속으로 생각했어요.

'저건 깨달음에 도달한 스님들이 쓰시던 말인데! 젊은 나이에 벌써 저런 경지에 오르다니 정말 위대한 스님이구나!'

진존자는 젊은 스님을 극진하게 모셨어요. 그러자 그 절에 머무는 다른 어린 스님들도 그를 특별하게 대우했지요. 모두 자신을 추켜세우자 젊은 스님은 목에 힘을 주고 다녔어요.

그러던 어느 날 진존자는 젊은 스님에게 평상시에 궁금했던 점에 대해 물어보았어요. 그저 가르침을 받고 싶은 순수한 마음이었지요.

그런데 이번에도 그 스님은 "에잇!" 하고만 답하는 게 아니겠어요?

- **명성:** 세상에 널리 알려져 평판이 높은 이름.
- **경지:** 마음이나 지식이 높은 수준에 오른 상태.
- **의심쩍다:** 확실히 알 수 없어서 믿지 못할 만한 데가 있다.
- **줄행랑치다:** 도망치다, 달아나다.

현명한 답을 기대했던 진존자는 어이가 없었어요. 너무 실망스러운 대답이었기 때문이지요.

진존자는 젊은 스님의 실력이 의심쩍기 시작했어요.

'처음에는 용의 머리처럼 위대한 분으로 보였어.

그렇지만 실제로는 뱀의 꼬리처럼 보잘것없는

사람일지도 모르겠구나.'

진존자는 젊은 스님의 수준을 확인하고자

이것저것 간단한 것에 대해 물었어요. 이번에도

어김없이 그 젊은 스님은 "에잇!" 하는 말만 했어요.

마침내 진존자는 그 젊은 스님을 따끔하게 혼냈어요.

"앞으로 몇 번이나 더 그런 어설픈 말로 자신의 부족함을 감추려고 그러나?"

진존자의 호통에 젊은 스님은 얼굴이 빨개졌어요. 자신의 보잘것없는 실력이 들통났기 때문이지요. 창피해진 젊은 스님은 밤중에 몰래 출행랑쳤답니다.

1 종합력 **'용두사미' 의 뜻을 설명한 문장을 완성하세요.**

보기: 아름답다 초라하다 끝 시작

머리는 용이지만 꼬리는 뱀인 것처럼 [ ]은 거대하고 위대했지만 [ ]이 보잘것없이 [ ]는 뜻.

2 이해력 **[ ] 안에 들어갈 내용으로 알맞은 것에 O표 하세요.**

① 진존자는 나그네들을 위해 [덧신 | 나막신 | 짚신]을 만들어 나뭇가지에 걸어 두었어요.

② 자신의 인사에 젊은 스님이 "[어랏 | 에잇 | 에구머니]!" 하고 응답하자 진존자는 깜짝 놀라며 젊은 나이에 경지에 도달한 위대한 스님이라고 생각했어요.

3 추론 능력 **이야기를 생각하며 빈칸에 들어갈 내용을 고르세요. (   )**

[   ] 진존자의 깊은 생각에 어린 스님들은 그를 존경의 눈빛으로 바라보았어요.

① 짚신 만드는 솜씨가 뛰어난
② 엉뚱한 상상을 하는
③ 자신들의 생각을 뛰어 넘는

4 분석력 **이 이야기에서 절정에 해당하는 내용을 고르세요. (   )**

① 진존자가 젊은 스님을 극진히 모시는 부분
② 진존자가 젊은 스님을 혼내는 부분
③ 진존자가 짚신을 산길의 나뭇가지에 매다는 부분

이야기에서 긴장감이 가장 높아지는 부분을 '절정'이라고 해요.

5 사고력 **다음 중 인사를 건넨 진존자에게 젊은 스님이 했던 행동을 가장 잘 표현한 속담을 골라 [   ] 안에 직접 쓰세요.**

☆ 말 한마디에 천 냥 빚도 갚는다: 말을 공손하게 잘 하면 상대의 마음을 움직여 어려운 일도 해결할 수 있게 된다는 뜻.

☆ 손바닥으로 하늘 가리기: 진실을 어설프게 가리려고 하지만 언젠가는 들통난다는 뜻.

☆ 쇠뿔도 단김에 빼라: 어떤 일이든지 하려고 생각했으면 망설이지 말고 곧 행동으로 옮겨야 한다는 뜻.

알맞은 속담을 쓰세요.

6 이야기의 뼈대와 줄거리입니다. 빈칸에 들어갈 말을 골라 쓰세요.

내용 정리

보기 가르침 머리 꼬리 깊은 다리 위대한 의심 외마디

진존자의 명성	진존자는 [ ] 생각으로 명성이 높아 어린 스님들의 존경을 받고 있었어요.
젊은 스님의 등장	어느 날, 새로 온 젊은 스님이 진존자가 건넨 인사에 "에잇!" 하는 [ ]로 응답하자 진존자는 그를 경지에 오른 [ ] 스님으로 생각하고 극진하게 모셨어요.
진존자의 [ ]	진존자는 [ ]을 받고 싶은 마음에 젊은 스님에게 궁금했던 점에 대해 물어보았는데, 이번에도 그 스님이 "에잇!" 하고 응답하자 의심이 들었어요.
진존자의 호통과 젊은 스님의 줄행랑	용의 [ ]처럼 위대해 보이지만 뱀의 [ ]처럼 보잘것없을 수도 있겠다는 생각에 진존자는 간단한 것을 물었고, 자신의 부족함을 들킨 젊은 스님은 줄행랑쳤답니다.

7 밑줄 친 관용 표현이 어떤 뜻에 해당하는지 잘 설명한 것을 고르세요. (   )

어휘력

모두 자신을 추켜세우자 젊은 스님은 <u>목에 힘을 주고 다녔어요</u>.

① 거드름을 피우거나 남을 깔보는 듯한 태도를 취하다.

② 몹시 애타게 오랫동안 기다리다.

고사성어

늙은이의 말

새옹지마 변방 새(塞), 늙은이 옹(翁), ~의 지(之), 말 마(馬)

다음 글을 소리 내어 읽어 보세요.

아주 옛날 중국의 변방에 한 노인이 살고 있었어요.

어느 날 그가 기르던 말 중에서 가장 값이 나가는 말이 국경을 넘어 멀리 도망치고 말았어요. 소식을 들은 이웃들이 노인을 찾아와 위로했어요.

"그 좋은 말이 달아나서 속상하시겠어요."

그런데 노인의 표정은 덤덤했어요.

"이 일이 훗날 복으로 돌아올지 누가 알겠소?"

알쏭달쏭한 노인의 말에 이웃들은 의아했지요.

몇 달이 지난 뒤 도망쳤던 노인의 말이 마을로 돌아왔어요. 그런데 다른 말 한 마리를 데려온 거예요. 그것도 품종이 아주 우수한 말이었어요.

이웃들은 노인을 찾아와 이번에는 축하의 말을 건넸어요.

"도망간 말이 복을 데리고 왔으니 좋으시겠어요."

하지만 노인은 기쁜 내색도 없이 이렇게 말했어요.

"이 일이 훗날 불행이 될지 누가 알겠소?"

이웃들은 이번에도 고개를 갸웃했지요.

- **변방:** 나라의 경계가 되는 변두리의 땅.
- **격렬하다:** 행동이 거칠고 사납다.
- **쑥대밭:** 쑥이 무성하게 우거져 있는 거친 땅, 매우 어지럽거나 못 쓰게 된 모양을 비유적으로 이르는 말.

며칠 후 노인의 아들은 새로 온 말을 길들이려고 등에 올라탔어요. 하지만 야생에 살던 습성이 남아 있던 말은 격렬하게 반항했지요. 결국 아들은 말에서 떨어졌고, 다리를 심하게 다쳐 절름발이가 되고 말았어요.

이웃들은 다시 노인을 찾아와 위로했어요. 그러나 이번에도 노인은 다친 아들을 치료하며 무덤덤하게 말했어요.

"누가 알겠소? ( )."

그로부터 몇 달이 지났을 때였어요. 북방의 오랑캐가 갑자기 쳐들어와서 나라 여기저기를 쑥대밭으로 만들었어요. 그러자 군대에서 싸울 수 있는 젊은이들을 모두 전쟁터로 끌고 갔어요. 자식들을 전쟁터로 보낸 이웃들은 애간장이 타서 어쩔 줄 몰랐지요.

그런데 노인의 아들은 다리가 부러져 절름발이가 된 까닭에 전쟁터에 나가지 않아도 되었어요. 그제야 이웃들은 그동안 노인이 했던 말이 이해가 되었답니다.

1 종합력

'새옹지마'의 뜻을 설명한 문장을 완성하세요.

앞날 과거 노인 불행

변방에 사는 [ ]의 말이라는 뜻으로, 복이 [ ]을 부르기도 하고 불행이 복을 부르기도 하는 것처럼 [ ]은 알 수 없다는 의미.

2 이해력

[ ] 안에 들어갈 내용으로 알맞은 것에 O표 하세요.

1. 국경을 넘어 도망쳤던 노인의 말은 [소 | 양 | 말] 한 마리를 데려왔어요.
2. 말에서 떨어져서 다리를 다친 덕분에 노인의 아들은 [전쟁터 | 사냥터 | 낚시터]에 끌려가지 않았어요.

3 이야기를 생각하며 빈칸에 들어갈 내용을 고르세요. (   )

추론 능력

"누가 알겠소?
(   )."

① 이 일이 훗날 복으로 돌아올지
② 이 일이 훗날 후회가 될지
③ 이 일이 훗날 불행으로 돌아올지

4 말과 행동에는 그 인물이 추구하는 삶의 가치가 담겨 있어요. 노인이 추구하는 삶은 무엇인지 고르세요. (   )

분석력

① 이웃들은 쉽게 시기, 질투하니 가까이 하지 말자.

② 나중 일은 모르니 좋은 일이라고 너무 좋아하지도, 힘든 일이라고 너무 힘들어하지도 말자.

③ 좋은 일이 생기면 실컷 좋아하고, 슬픈 일이 생기면 실컷 슬퍼하자.

5 이야기의 마지막 장면에서 노인의 입장을 가장 잘 표현한 속담을 골라 (   ) 안에 직접 쓰세요.

사고력

★ 닭 잡아먹고 오리발 내민다: 나쁜 일을 하고 간사한 꾀로 숨기려 한다는 뜻.

★ 화가 복이 된다: 처음에 재앙으로 여겼던 것이 원인이 되어 뒤에 다행스러운 결과를 가져오는 수도 있다는 뜻.

★ 천 리 길도 한 걸음부터: 무슨 일이든 그 시초가 중요하다는 뜻.

알맞은 속담을 쓰세요.

6 이야기의 뼈대와 줄거리입니다. 빈칸에 들어갈 말을 골라 쓰세요.

내용 정리

보기 아들 오랑캐 변방 복 데려옴 불행 절름발이 도적떼

변방에 사는 노인의 말이 도망침	중국 [ ]에 사는 노인의 말이 도망쳐서 이웃들이 위로하자, 노인은 훗날 [ ]으로 돌아올지 누가 알겠냐며 덤덤했어요.
도망친 말이 다른 말을 [ ]	몇 달 뒤 도망쳤던 말이 다른 말 한 마리를 데려와서 이웃들이 축하를 했지만, 노인은 이 일이 훗날 [ ]이 될지 누가 알겠느냐며 기쁜 내색도 없이 말했어요.
노인의 아들이 절름발이가 됨	말을 길들이던 노인의 [ ]이 말에서 떨어져 [ ]가 되자 이웃들이 위로했지만 노인은 이번에도 무덤덤했어요.
전쟁이 나자 이웃들이 노인을 이해함	몇 달 뒤 [ ]가 쳐들어와서 젊은이들은 모두 전쟁터로 끌려갔지만, 노인의 아들은 전쟁터에 나가지 않아도 되자 이웃들은 그동안 노인이 했던 말이 이해가 되었답니다.

7 밑줄 친 관용 표현이 어떤 뜻에 해당하는지 잘 설명한 것을 고르세요. (   )

어휘력

자식들을 전쟁터에 내보낸 이웃들은 <u>애간장이 타서</u> 어쩔 줄 몰랐지요.

① 몹시 안타깝고 초조하여 걱정이 되다.

② 하는 말과 행동이 지나치게 대담해지다.

고사성어

바빠 독해 06 반딧불, 눈과 함께한 노력

형설지공 반딧불이 형(螢), 눈 설(雪), 의 지(之), 공 공(功)

다음 글을 소리 내어 읽어 보세요.

진나라에서 있었던 이야기예요. 차윤이라는 사람이 과거를 준비하고 있었어요. 과거를 치르기 위해서는 공부해야 할 과목도 많고, 분량도 아주 많았어요. 몇 년을 준비해야 할 만큼 힘든 공부였어요. 하지만 차윤의 집안은 공부에만 전념할 형편이 못 되었어요. 그래서 그는 낮에는 부모님 일을 도와드리고, 밤늦은 시간에 혼자 깨어 공부를 했지요.

어느 날 늦은 시간까지 공부를 하고 있었는데, 갑자기 등불이 꺼지고 말았어요. 등잔 기름이 다 떨어진 거예요.

"이를 어쩌나! 시험이 얼마 남지 않았는데."

그러나 차윤은 부모님께 차마 등잔 기름 살 돈을 달라고 말할 수가 없었어요. 당장 먹고 쓰는 데 필요한 돈도 부족한 형편이었거든요. 어쩔 수 없이 밤공부를 포기한 채 며칠이 지났어요. 어느 날, 해 질 녘 밭일을 마치고 집으로 돌아가던 그의 눈에 반딧불이가 들어왔어요. 갑자기 그는 주먹을 불끈 쥐었어요.

"그래, 바로 그거야!"

그는 꽁무니에 빛을 내며 날아다니는 반딧불이 수백 마리를 잡았어요. 그리고 얇은 천으로 된 자루에 넣었지요. 그 자루에 책을 가까이 대자 다행히 글씨를 읽을 만큼이 되었어요.

이렇게 반딧불이를 등불 삼아 여름 내내 공부한 차윤은 결국 과거에 합격했고, 훗날 높은 벼슬까지 올랐다고 해요.

손강 역시 형편이 넉넉하지 못해 등잔불을 마음껏 켤 수 없었어요.

어느 겨울밤 잠자리에 누웠는데, 좋은 환경에서 밤낮없이 꾸준히 공부하는 친구들 생각에 가슴이

어휘

- **과거:** 우리나라와 중국에서 관리를 뽑을 때 치르던 시험.
- **전념:** 한 가지 일에만 마음을 씀.
- **급제:** 시험이나 검사 따위에 합격함, 과거에 합격함.

답답하고 속상했지요.

마음을 달래려고 마당에 나온 그는 깜짝 놀랐어요. 소복이 쌓인 눈이 온 세상을 덮으며 달빛이 반사된 까닭에 평상시보다 주변이 환했기 때문이에요.

"이 정도 밝기라면 책도 읽을 수 있지 않을까?"

그는 방으로 가서 옷을 단단히 입고 책을 가져와 눈밭 위를 걸어갔어요. 그리고 책을 펼치자 눈에 반사된 달빛으로 글을 읽을 수 있었어요. 밤에도 공부할 수 있다는 기쁨에 (   ).

그렇게 추위를 이기며 공부한 손강은 훗날 과거에 급제하여 높은 벼슬에 올랐답니다.

1 종합력

'형설지공'의 뜻을 설명한 문장을 완성하세요.

부지런히　공부　어려움　적당히

반딧불이의 불빛과 눈에 비친 달빛으로 [   ] 한다는 뜻으로, [   ] 을 딛고 [   ] 공부하는 자세를 이르는 말.

2 이해력

[   ] 안에 들어갈 내용으로 알맞은 것에 O표 하세요.

1. 차윤은 등잔 기름이 다 떨어지자 [귀뚜라미 | 반딧불이 | 딱정벌레] 를 모아 그 불빛으로 공부했어요.
2. 손강은 등잔불을 마음껏 켤 형편이 안 되자 밤에 눈에 비친 [햇빛 | 달빛 | 별빛] 으로 공부했어요.

3 이야기를 생각하며 빈칸에 들어갈 내용을 고르세요. (   )

추론 능력

> 밤에도 공부할 수
> 있다는 기쁨에
> [   ].

① 추위 따위는 아무렇지도 않았지요.

② 오들오들 떨며 투덜거렸어요.

③ 개똥벌레에게 고마움을 느꼈어요.

4 말과 행동에는 그 인물이 추구하는 삶의 가치가 담겨 있어요. 차윤과 손강이 추구하는 삶은 무엇인지 고르세요. (   )

분석력

①	②	③
곤충이나 주변 환경을 소중하게 생각하며 오염되지 않게 보호하자.	스스로 노력하기보다는 행운을 기다리며 빈둥빈둥 실컷 놀자.	어려움이 있어도 방법을 찾아가며 끝까지 노력해 보자.

5 다음 중 차윤과 손강을 가장 잘 표현한 속담을 골라 [   ] 안에 직접 쓰세요.

사고력

- ☆ 가는 말이 고와야 오는 말이 곱다: 내가 남에게 좋게 해야 남도 내게 잘 한다는 뜻.
- ☆ 등잔 밑이 어둡다: 제게 가까운 일을 먼 데 일보다 오히려 모른다는 뜻.
- ☆ 하늘은 스스로 돕는 자를 돕는다: 하늘은 스스로 노력하는 사람을 성공하게 만든다는 뜻, 어떤 일을 이루기 위해서는 자신의 노력이 중요하다는 뜻.

알맞은 속담을 쓰세요.

6 이야기의 뼈대와 줄거리입니다. 빈칸에 들어갈 말을 골라 쓰세요.

내용 정리

보기	손강	등잔불	추위	더위	기름	형편	천	과거

차윤의 [ ]	진나라의 차윤은 낮에는 일하고 밤에 공부를 해야 했는데, 어느 날 등잔불이 꺼졌어요. 그는 가난한 형편 때문에 등잔 [ ]을 살 수 없어 밤공부를 포기한 채 며칠을 보냈어요.
반딧불이의 불빛으로 공부한 차윤	그는 반딧불이 수백 마리를 잡아 얇은 [ ]으로 된 자루에 넣고 여름 내내 공부한 끝에 결국 [ ]에 합격하여 훗날 높은 벼슬까지 올랐지요.
손강의 형편	[ ] 역시 형편이 넉넉하지 못해 [ ]을 마음껏 켜고 공부할 수 없어 속상했어요.
눈에 비친 달빛으로 공부한 손강	그러다가 우연히 달빛이 눈에 반사되어 환한 것을 보고 눈밭에서 [ ]를 이기며 공부한 끝에 훗날 과거에 급제하여 높은 벼슬에 올랐답니다.

7 밑줄 친 관용 표현이 어떤 뜻에 해당하는지 잘 설명한 것을 고르세요. (   )

어휘력

갑자기 그는 주먹을 불끈 쥐었어요. "그래, 바로 그거야!"

① 바라던 일이 이루어지지 않아 몹시 실망하고 풀이 죽다.

② 어떤 일에 의지를 보이며 주먹을 쥐고 마음을 굳게 먹다.

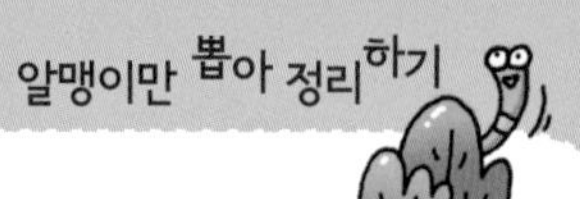

1 뜻풀이에 알맞은 고사성어를 완성하세요.

뜻풀이				
여러 개의 알을 쌓아 놓은 것처럼 위태로운 형편이다.	ㄴ	ㄹ	ㅈ	ㅇ
필요할 때는 가까이 두다가 필요 없으면 야박하게 버린다.	ㅌ	ㅅ	ㄱ	ㅍ
융통성 없이 상황에 맞지 않게 미련한 행동을 한다.	ㄱ	ㅈ	ㄱ	ㄱ
시작은 거대하고 위대했지만 끝이 보잘 것 없이 초라하다.	ㅇ	ㄷ	ㅅ	ㅁ
복이 불행을 부르기도 하고, 불행이 복을 부르기도 하는 것처럼 앞날은 알 수 없다.	ㅅ	ㅇ	ㅈ	ㅁ
어려움을 딛고 부지런하고 꾸준하게 공부를 한다.	ㅎ	ㅅ	ㅈ	ㄱ

2 <보기>의 말을 낱말 판에서 찾아 묶어 보세요.

보기: 미련하다 야박하다 가보 의심쩍다 쑥대밭 전념

었	뤼	괜	않	전	념	히	의
쑥	대	밭	녀	슈	웬	네	심
자	많	미	련	하	다	없	쩍
왔	끌	뜯	답	덮	활	때	다
려	맞	않	현	훈	가	채	뿜
야	박	하	다	쓸	보	쿠	랐

교과 과학

과학은 살면서 꼭 알아야 할 과학 지식과 과학 탐구 능력을 기르는 과목이에요. 에너지, 물질, 생명, 지구 등의 여러 분야를 배우지요. 그래서 둘째 마당에는 여러분이 과학 과목을 공부하는 데 직접 도움이 되는 글감을 담았어요. 글감은 과학 단원의 순서에 맞추어 구성했으니 과학 과목을 예습하거나 복습하는 데에도 도움이 되고, 중학교 과학 교과서와 연관성이 높은 내용으로 선정했으니 중학교 입학 준비에도 도움이 될 거예요. 둘째 마당을 통해 독해력도 쑥쑥 기르고 과학 지식도 차곡차곡 쌓아 보세요.

교과 과학–설명문

붉은 달이 떴다고?

다음 글을 소리 내어 읽어 보세요.

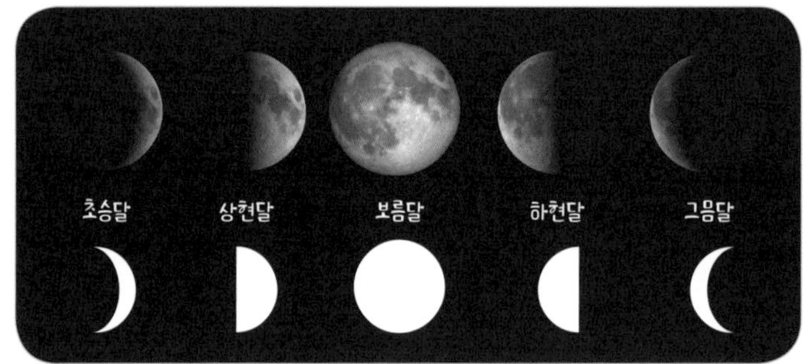

▲달의 위상 변화

달은 지구 주위를 약 30일에 한 번씩 돌기 때문에 우리가 같은 시각, 같은 자리에서 달을 보면 달의 위치가 조금씩 바뀌어요. 그래서 우리 눈에는 마치 달의 모양이 변하는 것처럼 보이지요. 달은 초승달, 상현달, 보름달, 하현달, 그믐달 순으로 바뀌는 것을 반복해요.

음력으로 15일이 되면 위에서 보았을 때 '태양-지구-달' 이런 순서가 돼요. 이때 뜨는 달이 보름달이에요. 보통 보름달은 흰색으로 환하게 보여요. 달이 태양에서 오는 다양한 색의 빛을 고르게 반사하기 때문이에요. 그런데 가끔 붉은 보름달이 뜰 때가 있어요. 도대체 왜 이런 현상이 벌어지는 것일까요?

보름달이 환하게 뜰 때는 옆에서 볼 때 태양, 지구, 달이 일직선이 아닌 경우예요. 반면, 이 셋이 옆에서 보았을 때 일직선을 이루면 평소보다 어두운 보름달이 떠요. 지구 그림자가 달을 가리기 때문이에요. 이러한 현상을 '월식'이라고 해요. 달의 일부가 지구의 본그림자에 들어갈 때부터 '부분 월식'이 시작되며, 전부 들어가게 되면 달이 완전히 가려지는 '개기 월식'을 관측할 수 있지요.

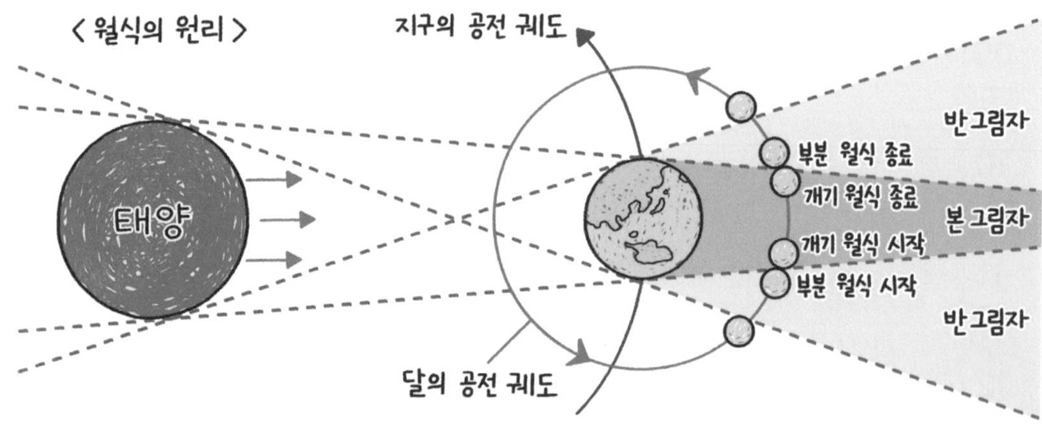

- **본그림자:** 그림자의 가장 어두운 부분. • **굴절:** 휘어서 꺾임.
- 초승달과 그믐달 사이에 달이 보이지 않을 때를 '삭'이라고 불러요. '삭'은 중학생이 되면 배우게 될 거예요.

달이 (들어갈 내용을 추측해 보세요.) 전혀 안 보일까요? 그렇지 않아요. 왜냐하면
└→3번 추론 능력 문제
지구의 대기를 통과하면서 이리저리 굴절된 태양 빛의 일부가 달을 비추기 때문이지요. 굴절된 태양 빛은 여러 방향으로 퍼지는데, 이때 다른 색보다 붉은색이 덜 흩어져요. 붉은빛은 달까지 도착한 뒤 반사돼요. 그러면 우리 눈에 마치 붉은 보름달이 뜬 것처럼 보이는 것이랍니다. 붉은 달은 개기 월식 때 벌어지는 신기한 우주 쇼인 셈이지요.

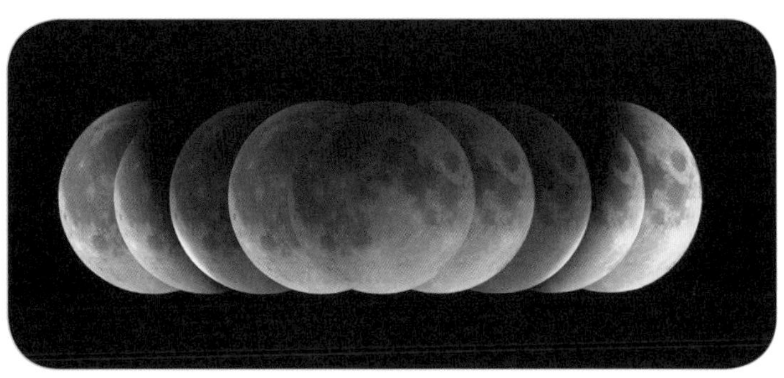

▲붉은 달

1 종합력 **이 글을 요약한 문장의 빈칸을 알맞게 채우세요.**

보기: 월식 보름달 붉은 파란

[ ]이 뜰 때 일어나는 [ ] 현상과 [ ] 달이 뜨는 이유.

2 이해력 **[ ] 안에 들어갈 내용으로 알맞은 것에 O표 하세요.**

❶ 보통 보름달이 흰색으로 보이는 것은 달이 태양에서 오는 다양한 색의 빛을 고르게 [흡수 | 통과 | 반사]하기 때문이에요.

❷ 지구의 본그림자에 달의 전부가 들어갈 때를 [개기 월식 | 부분 월식 | 반영 월식]이라고 해요.

3 추론 능력

이야기를 생각하며 빈칸에 들어갈 내용을 고르세요. (   )

달이
[빈칸]
전혀 안 보일까요?

① 지구의 본그림자를 벗어나면
② 태양 빛을 반사하면
③ 지구의 본그림자 안으로 들어가면
④ 태양, 지구와 일직선이 아니면

4 분석력

두 번째와 세 번째 문단을 분석하여 개기 월식이 되기 위한 조건에 해당하지 않는 것을 고르세요. (   )

① 위에서 보았을 때 '달-태양-지구'의 순서이다.
② 보름달이 뜰 때이다.
③ 옆에서 보았을 때 '태양-지구-달'이 일직선을 이룬다.
④ 지구의 본그림자에 달의 전부가 들어가 있다.

5 사고력

이 글을 읽은 어린이들이 나눈 대화입니다. 내용을 잘 이해하지 못한 어린이의 이름을 쓰세요. (   )

6 내용 정리 **이야기의 뼈대와 줄거리입니다. 빈칸에 들어갈 말을 골라 쓰세요.**

보기
어두운 월식 본그림자 붉은빛 초승달 환한 일직선 초록빛

달의 모양 변화	달은 지구 주위를 약 30일에 한 번씩 돌며, 그 위치가 조금씩 바뀌기 때문에 달의 모양은 [ ], 상현달, 보름달, 하현달, 그믐달을 반복하며 바뀌어요.

↓

보름달이 뜰 때와 보름달의 색	음력으로 15일이 되면 달이 태양에서 오는 다양한 색의 빛을 고르게 반사하며 [ ] 보름달이 뜨지만 가끔 붉은 보름달이 뜰 때가 있어요.

↓

[ ]이 일어나는 경우	옆에서 볼 때 태양, 지구, 달이 [ ]을 이루면 지구 그림자가 달을 가려 평소보다 [ ] 보름달이 뜨는데, 이것을 '월식'이라고 해요.

↓

붉은 보름달이 뜨는 이유	달이 지구의 [ ] 안으로 들어가도 지구의 대기를 통과하면서 굴절된 태양 빛 중 [ ]은 달까지 도착한 뒤 반사돼요. 이때 마치 붉은 보름달이 뜬 것처럼 보인답니다.

7 어휘력 **파란색 글자의 뜻을 바르게 설명한 것을 고르세요. (　　　)**

지구 그림자가 달을 가리기 때문이에요.

① 가리다 여럿 가운데 하나를 선택하다.

② 가리다 막아서 보이지 못하게 하다.

※ 위처럼 형태는 같지만 뜻이 서로 다른 낱말을 '동형어'라고 해요.

교과 과학—설명문

08 공기처럼 가벼운 고체가 있다고?

🔊 다음 글을 소리 내어 읽어 보세요.

수수께끼입니다. 공기처럼 가벼운 고체는? 정답은 '에어로젤'이에요. 액체가 들어 있는 말랑말랑한 젤리 같은 물질을 '젤'이라고 하는데, 머리카락의 만분의 일보다 작은 입자로 촘촘하게 얽혀 있지요. 젤에서 액체를 빼낸 뒤, 그 안을 공기로 가득 채워서 만든 것이 에어로젤이에요. 미국의 화학공학자 스티븐 키슬러(Steven Kistler)가 1931년 최초로 만들었어요. 물에 젖지도 않고 웬만한 불에는 타지도 않는 에어로젤은 놀라운 소재였어요.

아주 가벼운 반투명색 거품처럼 보여서 에어로젤에는 '얼음 연기'라는 별명이 붙었어요. 에어로젤을 손 위에 올리면 마치 부드러운 스티로폼이 둥둥 떠 있는 느낌이 든다고 해요. 99.8%가 공기이기 때문에 말 그대로 (　　　　　　　　). 에어로젤은 같은 부피를 가진 유리 무게의 천분의 일에 불과해요.

▲공기처럼 가벼운 에어로젤

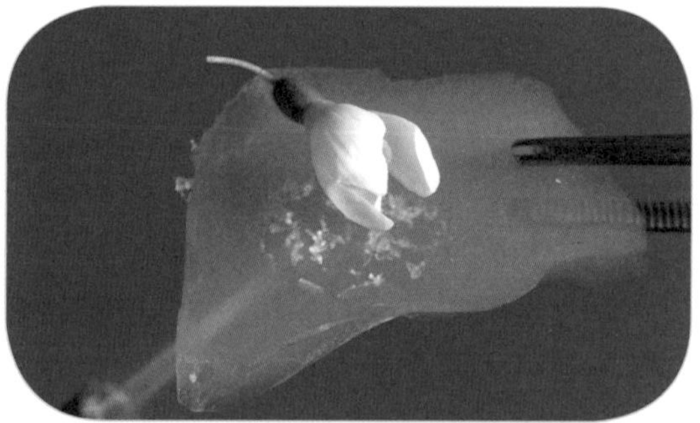

▲반대편에 불을 붙여도 말짱한 꽃잎

에어로젤은 강력한 열 차단 효과로 활용도가 높아요. 에어로젤은 입자 사이사이가 공기로 꽉 채워져 있어서 열이 거의 전달되지 않아요. 심지어 에어로젤 위에 꽃잎을 올리고, 밑에서 불을 붙여도 꽃잎이 말짱할 정도랍니다. 이런 특징 때문에 에어로젤은 고온을 견뎌야 하는 우주선과 우주복의 단열재로 쓰이고, 화성 탐사 로봇 소저너의 단열재로 쓰였지요. 소방대원의 방화복에도 활용돼요. 그래서 처음 에어로젤이 발명되었을 때 사람들은 '꿈의 신소재'라고 불렀답니다.

어휘
- **차단:** 액체나 기체 따위의 흐름을 막거나 끊어서 통하지 못하게 함.
- **단열재:** 보온을 하거나 열을 차단할 목적으로 쓰는 재료.
- **원단:** 옷을 만드는 재료가 되는 천.

하지만 여러 단점도 있어서 발명 초기에는 일반인을 위한 용도로는 잘 쓰이지 않았어요. 먼저 제작 과정이 복잡하고 가격이 비쌌어요. 또한 무거운 것을 견디는 힘은 강하지만 충격에는 약해서 잘 부서졌지요. 다행히 최근에 과학자들이 단점을 많이 보완했어요. 쉽고 빠른 생산 방법을 찾아냈고, 에어로젤에 특수 섬유를 첨가하여 보다 튼튼한 종류의 원단도 개발했지요. 그래서 이제 일반인도 부담 없이 살 수 있는 겉옷, 장갑, 모자 등의 에어로젤 제품들이 만들어지고 있어요.

▲에어로젤 소재 소방복 → 열 차단

▲에어로젤 소재 의류·장갑·모자 → 보온성

1 종합력 **이 글을 요약한 문장의 빈칸을 알맞게 채우세요.**

활용 에어로젤 공기 수출

[ ] 처럼 가벼운 [ ] 의 특징과 다양한 [ ].

2 이해력 **[ ] 안에 들어갈 내용으로 알맞은 것에 O표 하세요.**

① 에어로젤은 미국의 화학공학자가 발명한 [기체 | 액체 | 고체] 예요.

② 에어로젤은 같은 부피의 유리보다 [가벼워요 | 무거워요 | 따뜻해요].

3 이야기를 생각하며 빈칸에 들어갈 내용을 고르세요. (　　　)

추론 능력

99.8%가 공기이기 때문에
말 그대로
[　　　　　　]

① '바람'처럼 시원할 수밖에요.
② '공기'처럼 가벼울 수밖에요.
③ '깃털'처럼 날아갈 수밖에요.

4 발명 초기 에어로젤의 장점과 단점을 정리한 표입니다. 빈칸에 들어갈 낱말을 순서대로 말한 친구의 번호를 쓰세요. (　　　)

분석력

장점	단점
아주 [㉠].	제작 과정이 [㉢].
물에 젖지 않는다.	가격이 [㉣].
열 차단 효과가 [㉡].	충격에 약하다.

① : ㉠ 가볍다 ㉡ 없다 ㉢ 간단하다 ㉣ 비싸다

② : ㉠ 무겁다 ㉡ 뛰어나다 ㉢ 복잡하다 ㉣ 싸다

③ : ㉠ 가볍다 ㉡ 뛰어나다 ㉢ 복잡하다 ㉣ 비싸다

5 다음은 세 번째 문단입니다. 중심 문장의 기호를 쓰세요. (　　　)

사고력

㉠ 에어로젤은 강력한 열 차단 효과로 활용도가 높아요. ㉡ 에어로젤은 입자 사이사이가 공기로 꽉 채워져 있어서 열이 거의 전달되지 않아요. ㉢ 심지어 에어로젤 위에 꽃잎을 올리고, 밑에서 불을 붙여도 꽃잎이 말짱할 정도랍니다. ㉣ 이런 특징 때문에 에어로젤은 고온을 견뎌야 하는 우주선과 우주복의 단열재로 쓰이고, 화성 탐사 로봇 소저너의 단열재로 쓰였지요. ㉤ 소방대원들의 방화복에도 활용돼요.

6 이야기의 뼈대와 줄거리입니다. 빈칸에 들어갈 말을 골라 쓰세요.

내용 정리

보기 키슬러 단열재 유리 공기 연기 발명가 방화복 제품

에어로젤 만드는 법과 [ ]	젤에서 액체를 빼낸 뒤, 그 안을 [ ] 로 채워 만든 에어로젤은 스티븐 [ ] 가 만든 것으로 공기처럼 가벼운데다가 물에 젖지도 않고 웬만한 불에는 타지도 않아요.
↓	
에어로젤의 특징	'얼음 [ ]'라는 별명에 어울리게 손 위에 올리면 부드러운 스티로폼이 둥둥 떠 있는 느낌이 들며, 같은 부피를 가진 유리 무게의 천분의 일에 불과하지요.
↓	
에어로젤의 열 차단 효과와 활용	'꿈의 신소재'로 불리는 에어로젤은 강력한 열 차단 효과로 고온을 견뎌야 하는 우주선과 우주복, 화성 탐사 로봇의 [ ] 로 쓰이고, 소방대원의 [ ] 으로도 활용돼요.
↓	
단점의 보완과 일반인을 위한 활용	여러 단점이 있어서 발명 초기에는 일반인을 위한 용도로는 잘 쓰이지 않다가, 최근 단점이 보완되면서 일반인도 부담 없이 살 수 있는 에어로젤 [ ] 들이 만들어졌지요.

7 파란색 글자의 뜻을 바르게 설명한 것을 고르세요. (　　　)

어휘력

젤에서 액체를 빼낸 뒤, 그 안을 공기로 가득 채워서 만든 것이 에어로젤이에요.

① **채우다** 일정한 공간에 사람, 사물, 냄새 따위를 가득하게 하다.

② **채우다** 단추를 구멍에 넣어 걸다.

교과 과학—설명문

세상에서 가장 큰 씨는?

다음 글을 소리 내어 읽어 보세요.

장차 싹이 터 새로운 식물이 될 단단한 물질을 씨라고 해요. 씨의 생김새와 크기는 다양하지요. 봉숭아 씨처럼 동글동글하고 아주 작은 것도 있고, 옥수수 씨처럼 빠진 이같이 생겼고 작은 손톱만 한 것도 있고, 복숭아 씨처럼 쭈글쭈글하고 호두만 한 것도 있어요. 그런데 무게가 무려 20킬로그램이 넘는 거대한 씨가 있다고 해요. 세상에서 가장 크다는 이 씨는 과연 무엇일까요?

▲봉숭아 씨

▲옥수수 씨

▲복숭아 씨

바로 세이셸 야자 씨입니다. 인도양 서부의 섬나라인 세이셸은 관광지로 인기가 높아요. 이 나라가 원산지인 세이셸 야자나무에는 세상에서 가장 큰 씨가 든 야자가 열려요. 열매가 크다고 해서 '큰 열매 야자'라고 부르고, 열매가 바다에 둥둥 떠 있는 모습 때문에 '바다 야자'라고도 부르지요. 야자나무 열매를 뜻하는 '코코'와 바다를 뜻하는 프랑스어 '메르'를 합쳐서 '코코 드 메르'라고도 불러요.

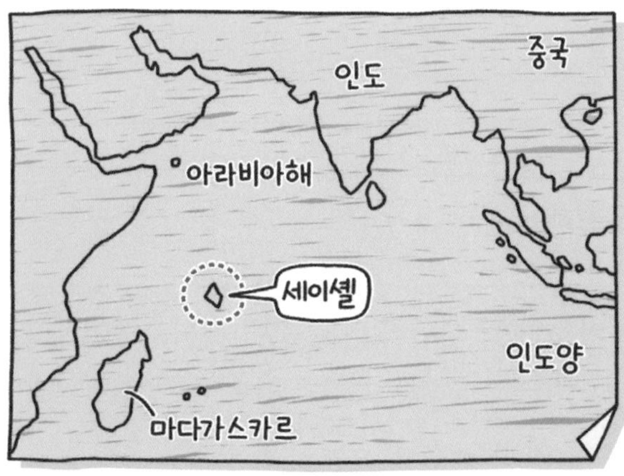

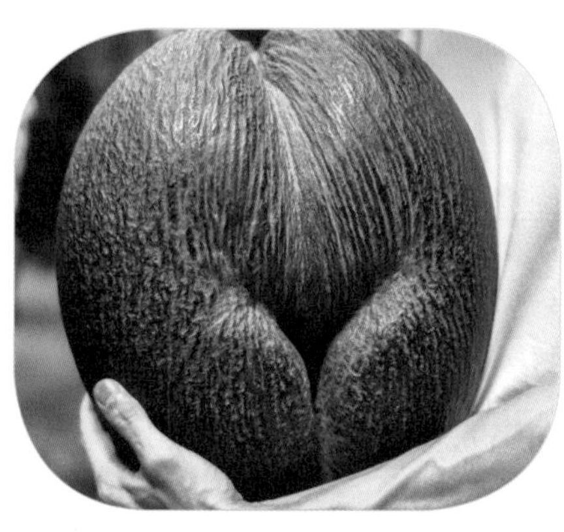
▲세이셸 야자 씨

- **원산지:** 어떤 식물, 동물, 물건이 처음으로 자라거나 생산된 곳.
- **마구잡이:** 이것저것 생각하지 아니하고 닥치는 대로 마구 하는 짓.
- **등록:** 주민등록이나 자동차 등록처럼 법이 정한 문서에 이름이나 번호를 올림.

열매가 익는 데는 보통 6년에서 10년이 걸리는데, 다 익은 열매의 길이는 45센티미터, 무게는 30킬로그램에 달해요. 열매의 껍질을 벗기면 갈색의 커다란 씨앗이 드러나는데 사람 얼굴보다 크답니다. 세이셸 야자 씨는 꽃병, 바구니 등 장식품을 만드는 데 사용되었어요. 또 야자 씨를 반으로 가르면 나오는 흰색의 속살은 젤리처럼 부드럽고 달콤해서 아이스크림이나 빵 등에 넣어 먹기도 해요. 씨의 껍질은 세이셸을 대표하는 관광 상품으로 높은 가격에 판매되었지요.

그런데 수많은 관광객이 세이셸로 몰려들어 세이셸 야자의 열매와 씨가 큰 돈벌이가 되면서 사람들은 너도나도 마구잡이로 나무를 베고 열매를 따서 팔았어요. 그러다 보니 세이셸 야자나무는 겨우 팔천 그루만이 남게 되었고, 결국 멸종 위기에 처하고 말았어요. (　　　　) 세이셸 정부는 나무 한 그루 한 그루를 등록시키고, 개인이 몰래 사고파는 것을 막는 등 엄격한 관리를 시작했어요. 만약 여러분이 세이셸 야자 열매나 씨를 대한민국으로 가져오고 싶다면, 먼저 세이셸 정부의 허가를 받아야 가능하답니다.

1 종합력

이 글을 요약한 문장의 빈칸을 알맞게 채우세요.

보기: 정부 　 큰 　 돈벌이 　 야자

세상에서 가장 [　　] 씨인 세이셸 [　　] 씨의 특징과 사용,
그리고 세이셸 야자나무에 대한 세이셸 [　　]의 관리.

2 이해력

(　　) 안에 들어갈 내용으로 알맞은 것에 O표 하세요.

1. 세이셸은 (태평양 | 인도양 | 대서양) 서부의 섬나라예요.
2. 세이셸 야자 씨의 껍질은 세이셸을 대표하는 (건강 | 미용 | 관광) 상품으로 높은 가격에 판매되었어요.

3 이야기를 생각하며 빈칸에 들어갈 내용을 고르세요. (　　　)

추론 능력

[　　　　　　]
세이셸 정부는 나무 한 그루 한 그루를 등록시키고, 개인이 몰래 사고파는 것을 막는 등 엄격한 관리를 시작했어요.

① 문제가 심각하다고 판단한
② 정말 잘 되었다고 판단한
③ 돈벌이에 관심이 생긴

4 두 번째 문단의 각 문장이 하는 역할을 바르게 말한 두 친구의 번호를 쓰세요. (　　,　　)

분석력

㉠ 바로 세이셸 야자 씨입니다. ㉡ 인도양 서부의 섬나라인 세이셸은 관광지로 인기가 높아요. ㉢ 이 나라가 원산지인 세이셸 야자나무에는 세상에서 가장 큰 씨가 든 야자가 열려요. ㉣ 열매가 크다고 해서 '큰 열매 야자'라고 부르고, 열매가 바다에 둥둥 떠 있는 모습 때문에 '바다 야자'라고도 부르지요.

① ㉠은 앞 문단의 맨 마지막 문장에 답하고 있어.

② ㉡은 앞에서 다룬 내용을 정리하고 있어.

③ ㉢은 읽는 사람의 궁금증을 유발하고 있어.

④ ㉣은 추가 정보를 주고 있어.

5 다음은 네 번째 문단의 내용입니다. 빈칸에 들어갈 말을 순서대로 알맞게 쓴 것을 고르세요. (　　)

사고력

세이셸 야자의 열매와 씨가 돈벌이가 되면서 사람들이 마구잡이로 나무를 베고 열매를 땄다.	[　　]	세이셸 야자는 멸종 위기에 처하고 말았다.	[　　]	세이셸 정부는 세이셸 야자 나무를 관리하기 시작했다.

① 그러나, 그러나　　② 그러나, 그래서　　③ 그래서, 그래서

'그러나'는 서로 일치하지 않거나 상반되는 사실을 나타내는 두 문장을 이어 줄 때 써요.
'그래서'는 앞의 내용이 뒤의 내용의 원인이 될 때 써요.

6 이야기의 뼈대와 줄거리입니다. 빈칸에 들어갈 말을 골라 쓰세요.

내용 정리

보기 허가 상장 얼굴 바다 궁금증 크다 관광 원산지

소재에 대한 [ ] 유발	씨는 생김새와 크기가 다양한데, 무려 무게가 20킬로그램이 넘고, 세상에서 가장 [ ]는 씨가 있어요.
세이셸 야자에 대한 소개	바로 세이셸 야자 씨인데, 세이셸 야자는 인도양 섬나라인 세이셸이 [ ]로 '큰 열매 야자', '[ ] 야자', '코코 드 메르'라고도 불러요.
세이셸 야자 씨의 특징과 다양한 활용	사람 [ ]보다 큰 씨는 장식품을 만드는 데 사용되었고, 그 안의 흰색 속살은 아이스크림이나 빵에 넣어 먹었으며, 껍질은 [ ] 상품으로 판매되었지요.
멸종 위기로 인한 세이셸 정부의 관리	돈벌이가 되면서 세이셸 야자나무가 멸종 위기에 처하자 세이셸 정부는 관리를 시작했고, 이제 세이셸 야자 열매나 씨를 사고파는 일은 정부의 [ ]를 받아야 가능하지요.

7 파란색 글자의 뜻을 바르게 설명한 것을 고르세요. (   )

어휘력

세이셸 야자의 열매와 씨가 큰 돈벌이가 되면서 사람들은 너도나도 마구잡이로 나무를 베고 열매를 따서 팔았어요.

① **베다** 톱이나 낫처럼 날이 있는 연장으로 무엇을 끊거나 자르다.

② **베다** 누울 때 베개 따위를 머리 아래에 받치다.

교과 과학–보고서

렌즈가 다 같은 렌즈가 아니라고?

🔊 다음 글을 소리 내어 읽어 보세요.

사랑이는 볼록 렌즈와 오목 렌즈의 특징을 관찰하여 탐구 보고서를 작성하기로 했어요.

★ **탐구 활동**: 볼록 렌즈와 오목 렌즈의 특징 비교하기

1. 볼록 렌즈와 오목 렌즈의 모양을 그림으로 나타내 봅시다.

종류	볼록 렌즈	오목 렌즈
모양		

2. 볼록 렌즈와 오목 렌즈로 가까이에 있는 물체와 멀리 있는 물체를 관찰해 보고, 물체가 어떻게 보이는지 써 봅시다.

종류	볼록 렌즈	오목 렌즈
가까이에 있는 물체	크게 똑바로 보인다.	작게 똑바로 보인다.
멀리 있는 물체	작게 거꾸로 보인다.	더 작게 똑바로 보인다.

3. 레이저 지시기의 빨간 빛을 볼록 렌즈와 오목 렌즈의 위쪽, 가운데, 아래쪽을 동시에 통과시키면서 빛이 나아가는 모습을 관찰해 화살표로 나타내고 어떻게 되는지 써 봅시다.

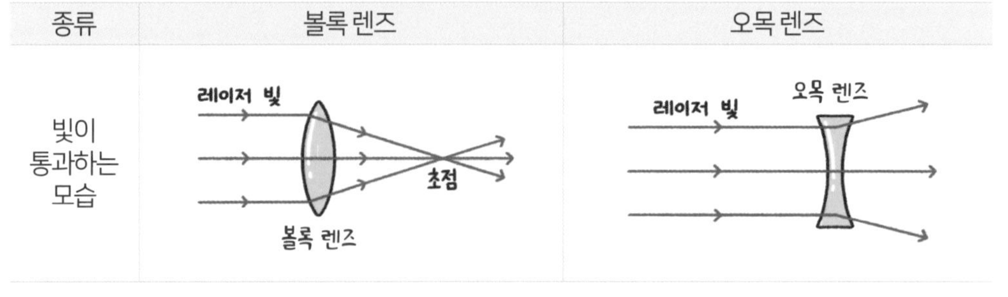

💡 어휘
- **원시**: 멀리 있는 것은 선명하게 보이지만, 가까이 있는 물체는 흐리게 보이는 시력.
- **근시**: 가까이 있는 것은 선명하게 보이지만, 멀리 있는 물체는 흐리게 보이는 시력.

볼록 렌즈	오목 렌즈
• 위쪽에 쏜 빛은 아래로 굴절했다. • 가운데에 쏜 빛은 직진했다. • (　　　　　　　　) • 세 빛은 한 점에 모인 뒤 다시 흩어진다.	• 위쪽에 쏜 빛은 더 위로 굴절했다. • 가운데에 쏜 빛은 직진했다. • 아래쪽에 쏜 빛은 더 아래로 굴절했다. • 세 빛은 계속 퍼지며 만나지 않는다.

4. 인터넷 검색을 통해 볼록 렌즈와 오목 렌즈가 쓰이는 물체에는 무엇이 있는지 써 봅시다.

볼록 렌즈가 쓰이는 물체	오목 렌즈가 쓰이는 물체
돋보기, 원시 교정용 안경, 현미경, 망원경	근시 교정용 안경, 망원경

망원경에서 볼록 렌즈와 함께 쓰이는 오목 렌즈는 상이 똑바로 맺히게 하는 역할을 합니다.

1 종합력 **이 글을 요약한 문장의 빈칸을 알맞게 채우세요.**

나아가는　통과　모양　쓰이는

볼록 렌즈와 오목 렌즈의 (　　　), 두 렌즈를 통해 본 물체의 모습, 두 렌즈를 (　　　)한 빛이 나아가는 모습 그리고 두 렌즈가 (　　　) 물체의 예.

2 이해력 **(　　) 안에 들어갈 내용으로 알맞은 것에 O표 하세요.**

❶ 볼록 렌즈의 가장자리는 얇고 (위쪽은 | 가운데는 | 아래쪽은) 두껍다.

❷ 원시 교정용 안경에는 (볼록 렌즈 | 오목 렌즈 | 카메라 렌즈)가 쓰인다.

3 이야기를 생각하며 빈칸에 들어갈 내용을 고르세요. (　　　)

추론 능력

볼록 렌즈

- 위쪽에 쏜 빛은 아래로 굴절했다.
- 가운데에 쏜 빛은 직진했다.
- (　　　　　　　　　　)
- 세 빛은 한 점에 모인 뒤 다시 흩어진다.

① 아래쪽에 쏜 빛은 아래로 굴절했다.
② 아래쪽에 쏜 빛은 위아래로 흩어졌다.
③ 아래쪽에 쏜 빛은 위로 굴절했다.

4 다음 표를 보고 볼록 렌즈와 오목 렌즈의 모양을 비교한 문장에 알맞은 낱말을 넣어 완성하세요.

분석력

보기: 얇고　두껍고　얇다　두껍다

종류	볼록 렌즈	오목 렌즈
모양		

볼록 렌즈의 가장자리는 (　　　), 가운데는 볼록하니 (　　　).
반대로 오목 렌즈의 가장자리는 (　　　), 가운데는 오목하니 (　　　).

5 이 글을 읽은 어린이들이 나눈 대화입니다. 바르게 말한 어린이의 이름을 쓰세요. (　　　　)

사고력

실험을 통해 볼록 렌즈와 오목 렌즈가 활용된 물체를 알아냈어.

주희

오목 렌즈에 대해서는 관찰을 했고, 볼록 렌즈는 인터넷 검색을 했어.

수아

두 렌즈로 물체를 보면 어떻게 보이는지 관찰로 알아냈어.

지후

6 이야기의 뼈대와 줄거리입니다. 빈칸에 들어갈 말을 골라 쓰세요.

내용 정리

보기 현미경 똑바로 거꾸로 레이저 프리즘 오목 모양 퍼지며

볼록 렌즈와 오목 렌즈의 [ ]	볼록 렌즈는 가운데가 볼록하니 두껍고, 오목 렌즈는 가운데가 [ ]하니 얇아요.
두 렌즈를 통해 보이는 물체의 모습	가까이에 있는 물체를 볼록 렌즈로 보면 크게 [ ] 보이고, 오목 렌즈로 보면 작게 똑바로 보여요. 멀리 있는 물체를 볼록 렌즈로 보면 작게 [ ] 보이고, 오목 렌즈로 보면 더 작게 똑바로 보여요.
두 렌즈를 통과한 빛이 나아가는 모습	볼록 렌즈에 쏜 [ ] 지시기의 빨간 빛은 한 점에 모인 뒤 다시 흩어져요. 오목 렌즈에 쏜 빛은 계속 [ ] 만나지 않아요.
두 렌즈의 쓰임새	볼록 렌즈는 돋보기, 원시 교정용 안경, [ ], 망원경 등에 쓰이고, 오목 렌즈는 근시 교정용 안경, 망원경 등에 쓰여요.

7 파란색 글자의 뜻을 바르게 설명한 것을 고르세요. (   )

어휘력

인터넷 검색을 통해 볼록 렌즈와 오목 렌즈가 쓰이는 물체에는 무엇이 있는지 써 봅시다.

① 쓰이다 어떤 일에 사용되거나 이용되다.

② 쓰이다 연필 등으로 획이 그어져 모양을 이루게 되다.

교과 과학–대화문

악어도 감전시키는 물고기가 있다고?

다음 글을 소리 내어 읽어 보세요.

엉뚱이

어제 게임을 하는데, 주인공이 붉은 뺨에 모은 전기를 흘려보내서 적을 물리쳤어. 나도 몸에 전기를 모을 수 있으면 좋겠어. 그러면 형이 나한테 꼼짝도 못 할 텐데 말이야.

사랑이

엉뚱아! 네가 말하는 그런 능력이 전기뱀장어에게 있대.

엉뚱이

이름에 '장어'가 들어가지만 생물학적 분류로 잉어에 가깝다는 그 뱀장어 말이야?
㉠ 남아메리카의 아마존강에 사는 그 전기뱀장어?

사랑이

그래, 전기뱀장어는 최대 850볼트가 넘는 전기를 만들 수 있대. 손가락만 한 AA 건전지의 힘이 1.5볼트라는 점을 생각하면 566배가 넘는 힘이니 어마어마하지. 말이나 악어도 한 방에 감전시켜 죽일 만큼이니까.

엉뚱이

설마, 농담이지? 몸에 발전기라도 달아 놓은 거야?

사랑이

네 말대로 뱀장어의 꼬리 근육에는 전기 생산 세포가 있어.
원리를 자세히 설명해 줄게.

사랑이

전기뱀장어의 꼬리에는 수천 개의 전기 생산 세포가 직렬로 연결된 전기판이 있어. 건전지 수천 개가 몸 안에 일렬로 있는 거야. 평상시에 전기뱀장어는 (   ) 얌전히 먹잇감을 찾아. 하지만 위기 상황이 되어 흥분하면, 전기 생산 세포가 한꺼번에 일을 하면서 천하무적이 되는 거야.

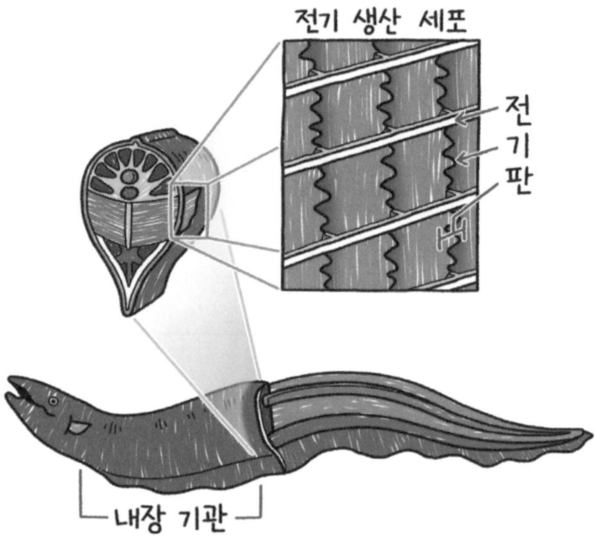

- **직렬:** 건전지를 한 줄로 연결하는 것.
- **천하무적:** 세상에 겨룰 만한 적수가 없음.
- **내장:** 척추동물의 가슴안이나 배안 속에 있는 위, 창자, 간 등을 통틀어 이르는 말.

ⓛ 그렇게 강한 전기를 만들어 내보내면, 전기가 잘 통하는 물속이라 그 전기가 자신에게도 흘러들 텐데, 어떻게 전기뱀장어는 무사한 걸까?

다행히 자신은 말짱하대. 전기판이 140층으로 나뉘어 있어서, 몸에 들어오는 전기는 140분의 1로 나뉘어 들어오기 때문에 충격이 확 줄어들기 때문이야. 또 내장이 꼬리와 한참 떨어져 있어서 전기를 만들어 낼 때 내장은 무사한 거지.

1 종합력

이 글을 요약한 문장의 빈칸을 알맞게 채우세요.

힘 　무사한 　원리 　위험한

전기뱀장어가 최대로 만들 수 있는 전기의 ☐과 전기를 만들어 내는 ☐, 그리고 강한 전기를 만들어도 전기뱀장어가 ☐ 까닭.

2 이해력

☐ 안에 들어갈 내용으로 알맞은 것에 O표 하세요.

❶ 생물학적 분류로 전기뱀장어는 [잉어 | 뱀 | 장어]에 가까워요.

❷ 전기뱀장어의 내장은 전기를 만드는 [머리 | 꼬리 | 지느러미]와 한참 떨어져 있어요.

3 이야기를 생각하며 빈칸에 들어갈 내용을 고르세요. (   )

추론 능력

평상시에 전기뱀장어는

[   ]

얌전히 먹잇감을 찾아.

① 살랑살랑 조용히 움직이면서

② 엄청나게 센 전류를 흘려보내며

③ 약한 전류만 흘려보내며

4 본문에 나오는 두 질문의 차이점을 잘 비교한 친구의 번호를 쓰세요. (   )

분석력

㉠ 남아메리카의 아마존강에 사는 그 전기뱀장어?

㉡ 그렇게 강한 전기를 만들어 내보내면, 전기가 잘 통하는 물속이라 그 전기가 자신에게도 흘러들 텐데, 어떻게 전기뱀장어는 무사한 걸까?

① ㉠은 궁금한 것을 묻는 질문이고, ㉡은 상대방이 설명하는 대상이 자신이 알고 있는 대상과 동일한지 확인하는 질문이야.

② ㉠은 상대방이 설명하는 대상이 자신이 알고 있는 대상과 동일한지 확인하는 질문이고, ㉡은 정말 궁금한 것을 묻는 질문이야.

5 빈칸에 들어갈 내용으로 알맞은 것을 고르세요. (   )

사고력

전기뱀장어의 꼬리 근육에 있는 전기판은 140층으로 나뉘어 있다.	그래서	[ ]	따라서	충격이 확 줄어들어 전기뱀장어는 무사하다.

① 말이나 악어도 한방에 감전시켜 죽일 만큼의 전기를 만들 수 있다.

② 남아메리카의 아마존강에 산다.

③ 몸에 들어온 전기는 140분의 1로 나뉘어 들어와 흐른다.

6 내용 정리 **이야기의 뼈대와 줄거리입니다. 빈칸에 들어갈 말을 골라 쓰세요.**

보기: 머리 　 위기 　 전기 　 내장 　 빰 　 아마존 　 악어 　 전기뱀장어

전기로 적을 물리치는 ☐	☐에 모은 전기로 적을 물리치는 게임 주인공을 부러워하는 엉뚱이의 말에 사랑이는 전기뱀장어가 그런 능력을 가지고 있다고 알려 주었어요.
악어도 감전시킬 만큼의 힘을 가진 전기뱀장어	☐강에 사는 전기뱀장어가 맞느냐고 묻는 엉뚱이에게 사랑이는 그렇다며 전기뱀장어는 ☐도 한방에 감전시켜 죽일 만큼의 전기를 만들 수 있다고 했어요.
전기뱀장어가 전기를 만들어 내는 원리	사랑이는 ☐ 상황이 되면 전기뱀장어의 꼬리 근육에 있는 전기판을 이루는 ☐ 생산 세포가 일제히 흥분하면서 천하무적이 된다고 설명해 주었지요.
전기뱀장어가 무사한 까닭	전기뱀장어는 무사하냐는 엉뚱이의 질문에, 사랑이는 몸에 들어온 전기는 나뉘어 들어와 충격이 덜하고 ☐도 꼬리와 떨어져 있기 때문에 무사하다고 답했지요.

↓

7 어휘력 **파란색 글자의 뜻을 바르게 설명한 것을 고르세요. (　　　)**

설마, 농담이지? 몸에 발전기라도 달아 놓은 거야?

① **달다** 꿀이나 설탕의 맛이 나다.

② **달다** 물건을 걸거나 매어 놓다.

교과 과학–설명문

화려한 불꽃놀이의 비결은?

🔊 다음 글을 소리 내어 읽어 보세요.

불꽃놀이의 시작은 오래전 중국에서 개발한 전쟁터에서 쓰는 신호용 폭죽이에요. 당시에는 불꽃색이 '노랑'뿐이었지요. 그러나 과학이 발전하면서 다양한 불꽃색과 모양을 연출할 수 있게 되었어요. 불꽃놀이에 담긴 과학적 원리가 무엇인지 알아봅시다.

'연화'는 불꽃놀이에 사용하는 공 모양 폭죽이에요. 연화 안에 넣은 알약처럼 생긴 것을 '별'이라고 하는데, 화약과 금속을 섞어 만들어요. 보통 한 연화에 수십 개의 별이 들어 있지요. 금속이 연소할 때 고유의 불꽃색을 내는 현상을 '금속의 불꽃 반응'이라고 해요. 예를 들어 나트륨은 노란색, 리튬은 빨간색, 칼륨은 보라색, 구리는 청록색을 내요. 따라서 별에 원하는 색을 내는 금속을 선택하여 넣으면 불꽃놀이의 불꽃색을 마음대로 조절할 수 있어요. 즉, 불꽃놀이의 불꽃색은 금속의 불꽃 반응을 이용해서 내는 것이랍니다.

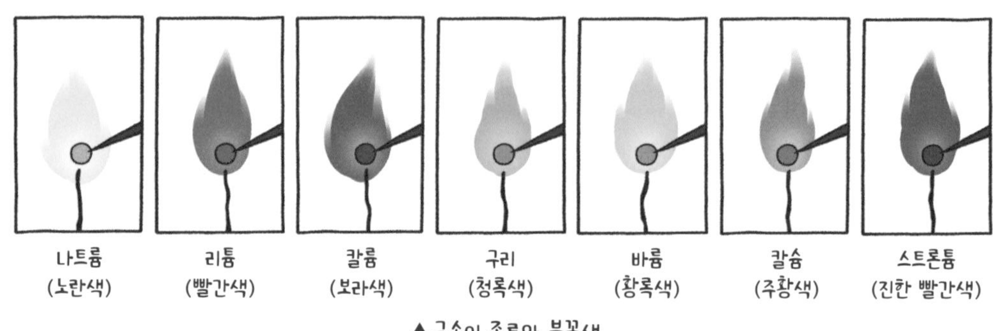

▲금속의 종류와 불꽃색

그렇다면 불꽃의 모양은 어떻게 만드는 것일까요? 바로 별의 생김새와 배열 방법을 조절하여 만들어요. 동그란 모양의 별을 원으로 배열하면 한 송이 커다란 국화꽃 같은 불꽃이 연출되지요. 큰 연화 안에 작은 연화 여러 개를 넣으면 여러 송이의 작은 국화가 시차를 두고 터지면서 꽃밭처럼 연출돼요. 총알처럼 길쭉한 별을 서로 엇갈리게 배열하면 작은 번개가 여기저기서 번쩍 하는 것과 같은 모습이 연출된답니다.

- **연출:** 어떤 상황이나 상태, 모습을 만들어 냄.
- **연소:** 물질이 산소와 빠르게 반응하여 빛과 열을 내는 현상.

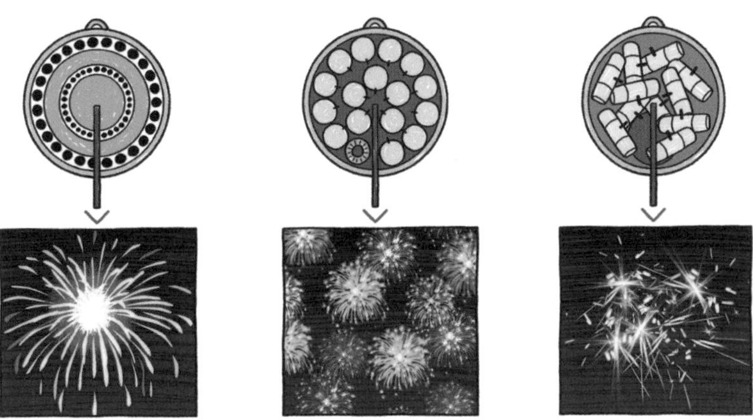

▲별의 생김새 및 배열 방법과 연출된 불꽃의 모양

요즘에는 과학에 기술이 더해져서 화려하고 신기한 불꽃놀이도 가능해졌어요. 컴퓨터 프로그램을 사용해서 (　　　　　　) 치밀하게 계산하며 하나의 정교한 작품을 만드는 것이지요. 다만 폭죽이 연소하면서 떨어지는 작은 금속 가루가 건강에 해로울 수 있어요. 그러니 불꽃놀이를 구경할 때는 조금 떨어진 곳에서 안전하게 감상하는 게 좋답니다.

1 종합력 **이 글을 요약한 문장의 빈칸을 알맞게 채우세요.**

보기: 구경　연출　불꽃놀이　계산

[　　　]에서 다양한 불꽃색과 모양을 [　　　]하는 과학적 원리와 [　　　]할 때 주의할 점.

2 이해력 **(　　　) 안에 들어갈 내용으로 알맞은 것에 O표 하세요.**

① 금속이 연소할 때 고유의 불꽃색을 내는 현상을 '금속의 (화학 반응 | 불꽃 반응 | 연소 반응)'이라고 해요.

② 동그란 모양의 별을 원으로 배열하면 한 송이 커다란 (국화꽃 | 벚꽃 | 장미꽃) 같은 불꽃이 연출돼요.

3 추론 능력

이야기를 생각하며 빈칸에 들어갈 내용을 고르세요. (　　　)

> 컴퓨터 프로그램을 사용해서
> [　　　　　　　]
> 치밀하게 계산하며 하나의 정교한
> 작품을 만드는 것이지요.

① 별의 크기와 무게를

② 불꽃이 터지는 시간과 위치를

③ 금속의 불꽃 반응을

4 분석력

세 번째 문단에 나오는 내용을 생각하며 관련된 그림을 선으로 연결하세요.

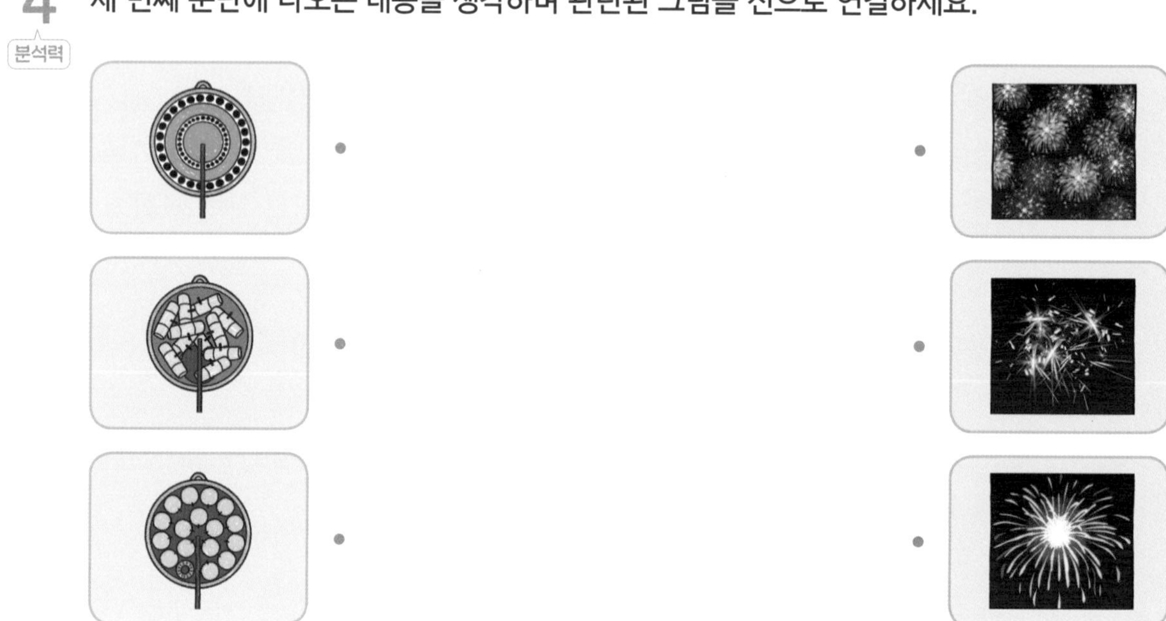

5 사고력

다음은 두 번째 문단입니다. 중심 문장의 기호를 쓰세요. (　　　)

㉠ '연화'는 불꽃놀이에 사용하는 공 모양 폭죽이에요. ㉡ 연화 안에 넣은 알약처럼 생긴 것을 '별'이라고 하는데, 화약과 금속을 섞어 만들어요. 보통 한 연화에 수십 개의 별이 들어 있지요. ㉢ 금속이 연소할 때 고유의 불꽃색을 내는 현상을 '금속의 불꽃 반응'이라고 해요. ㉣ 예를 들어 나트륨은 노란색, 리튬은 빨간색, 칼륨은 보라색, 구리는 청록색을 내요. 따라서 별에 원하는 색을 내는 금속을 선택하여 넣으면 불꽃놀이의 불꽃색을 마음대로 조절할 수 있어요. ㉤ 즉, 불꽃놀이의 불꽃색은 금속의 불꽃 반응을 이용해서 내는 것이랍니다.

6 내용 정리 **이야기의 뼈대와 줄거리입니다. 빈칸에 들어갈 말을 골라 쓰세요.**

보기: 금속 번개 원 과학적 연화 연소 노랑 종이

불꽃놀이의 시작과 주제의 소개	불꽃색이 '[ ]'뿐이던 중국의 폭죽에서 시작한 불꽃놀이가 다양한 불꽃색과 모양을 연출하게 된 [ ] 원리를 알아보아요.

↓

불꽃놀이에서 다양한 불꽃색을 내는 원리	불꽃놀이에 사용하는 폭죽인 '[ ]' 안에 들어 있는 '별'은 화약과 금속을 섞어 만드는데, 금속마다 [ ]하면서 고유의 불꽃색을 내는 현상을 이용해 불꽃놀이의 불꽃색을 다양하게 조절해요.

↓

불꽃놀이에서 다양한 모습을 연출하는 원리	동그란 별을 [ ]으로 배열해서 국화꽃을, 큰 연화 안에 작은 연화를 여러 개 넣어 꽃밭을, 길쭉한 별을 서로 엇갈리게 배열하여 작은 [ ]가 여기저기서 번쩍이는 모습을 연출해요.

↓

기술이 더해진 불꽃놀이와 주의할 점	요즘에는 기술이 더해져서 불꽃놀이로 정교한 작품을 만들어요. 다만 떨어지는 작은 [ ] 가루가 건강에 해로울 수 있으니 거리를 두고 안전하게 감상하는 게 좋답니다.

7 어휘력 **파란색 글자의 뜻을 바르게 설명한 것을 고르세요. (   )**

큰 연화 안에 작은 연화 여러 개를 넣으면 여러 송이의 작은 국화가 시차를 두고 터지면서 꽃밭처럼 연출돼요.

① **터지다** 어떤 일이 벌어지다.

② **터지다** 불이 붙어 세차게 튀다.

1 어울리는 내용끼리 알맞게 연결하세요.

굴절된 태양의 붉은빛이 달까지 도착한 뒤 반사되어	세상에서 가장 큰 씨예요.
에어로젤은 입자 사이사이가 공기로 꽉 채워져 있어서	오목 렌즈를 통과한 빛은 계속 퍼지며 만나지 않아요.
세이셸이 원산지인 세이셸 야자 씨는	붉은 보름달이 뜬 것처럼 보여요.
볼록 렌즈를 통과한 빛은 한 점에서 모인 뒤 다시 흩어지고	금속의 불꽃 반응을 이용해서 내는 것이에요.
아마존강에 사는 전기뱀장어는	가볍고, 열 차단 효과가 뛰어나요.
불꽃놀이의 다양한 불꽃색은	꼬리 근육에 전기 생산 세포가 있어요.

2 <보기>의 말을 낱말 판에서 찾아 묶어 보세요.

보기: 단열재 원산지 등록 천하무적 연출 연소

히	천	휘	류	뤼	뷔	계	섞
네	하	제	됴	규	슈	쟁	단
히	무	옳	원	산	지	맞	열
채	적	않	천	확	훈	퍼	재
쿠	튜	츄	등	꽃	쓸	튜	쭉
연	출	못	록	졌	뷰	연	소

생활문

국어 교과서에는 이야기나 설명글 외에도 여러 가지 형식의 글이 담겨 있어요. 언어 활동은 다양한 맥락과 다양한 목적 아래 이루어지기 때문이지요. 그래서 셋째 마당에 설명문, 기행문, 대화문, 주장하는 글, 일기 등 여러분이 생활하며 만날 수 있는 다양한 글을 담았어요. 또한 국어 교과서와 연계된 글감을 넣었으니, 국어 과목을 예습하거나 복습하는 데에도 도움이 될 거예요. 셋째 마당을 통해 독해 실력을 한 단계 더 높여 보세요.

공부할 내용!		공부한 날짜
13	시합 전후 운동선수, 기자 회견 꼭 해야 할까?	월 일
14	세계 여러 나라의 재미있는 속담	월 일
15	우정 1호, 우정 2호와 떠난 세계 여행	월 일
16	별명으로 부르는 것을 반대합니다	월 일
17	떠돌던 코끼리 떼, 마침내 집으로 돌아가다!	월 일
18	누리호, 지구의 모습을 담다	월 일

생활문-주장하는 글

시합 전후 운동선수, 기자 회견 꼭 해야 할까?

🔊 다음 글을 소리 내어 읽어 보세요.

세계적인 스포츠 대회에서는 시합 전후에 유명한 운동선수를 불러 기자 회견을 해요. 기자들은 선수에게 대회를 위해 어떤 준비를 하는지, 어떤 각오로 임하는지를 묻지요. 또 시합에서 이긴 비결이나 진 까닭을 묻기도 해요. 많은 대회에서 운동선수의 기자 회견을 의무화하고 있고, (들어갈 내용을 추측해 보세요.) 벌금을 매기는 경우도 있어요.

↳3번 추론 능력 문제

2021년, 세계 랭킹 2위인 테니스 선수 오사카 나오미가 앞으로 시합 전후 기자 회견을 거부하겠다고 발표했어요. 오사카는 시합 전후 기자 회견이 선수의 정신 건강에 나쁜 영향을 준다고 주장하며, 자신은 그동안 같은 생각을 하던 선수들을 대표해서 의견을 말하는 것이라고 덧붙였지요. 오사카의 발표 이후 선수가 시합 전후 기자 회견을 의무적으로 해야 한다는 입장과 강제로 이루어지는 기자 회견으로부터 이제 그만 선수들을 해방해야 한다는 입장이 팽팽하게 맞서고 있어요.

▲테니스 선수 오사카 나오미

▲마이크 앞에서 고민하는 오사카 나오미

선수가 기자 회견을 해야 한다고 주장하는 쪽의 근거는 다음과 같아요. 첫째, 기자 회견을 통해 응원해 주는 대중과 소통할 수 있어요. 기자 회견은 선수가 우승 소감을 팬들과 나누고, 경기에 진 후 쳐진 마음을 위로 받을 수 있는 통로가 돼요. 둘째, 기자 회견을 통해 언론에 협조하는 것은 스포츠의 인기를 높이는 데 도움이 돼요. 이름을 밝히지 않은 다른 테니스 선수는 "언론이 없다면 우리의 인기도 없을 것"이라고도 했어요. 셋째, 세계적인 스포츠 대회는 선수들만의 행사가 아니라는 것이에요. 큰 경기는 수많은 사람이 함께 준비하는 축제이므로, 시합을 직접 뛴 선수가 시합에 대해 설명할 의무가 있다는 의견이지요.

- **각오:** 앞으로 해야 할 일이나 겪을 일에 대한 마음의 준비.
- **의무화:** 강제로 하게끔 만듦.
- **무례하다:** 태도나 말에 예의가 없다.
- **반박:** 어떤 주장에 반대하여 말함.

오사카 선수를 지지하며 강제로 이루어지는 기자 회견으로부터 선수가 자유로워져야 한다고 주장하는 쪽의 근거는 다음과 같아요. 첫째, 선수들의 정신 건강을 보호하기 위해서예요. 한 축구 선수는 '선수도 감정을 가진 존재'라며 시합 직후 일부 기자들의 무례한 질문으로 기분이 나빠질 때가 많다는 점을 꼬집었어요. 둘째, 기자 회견이 경기에 대한 선수들의 집중력을 떨어트린다는 것이지요. 그렇지 않아도 시합 전에 선수들은 큰 부담을 느끼는데 기자 회견까지 준비하는 건 부담스럽다는 주장이에요. 셋째, 기자 회견 말고도 팬과 소통할 방법이 많다는 점이지요. 선수들이 평상시에 인터넷을 통해 활발하게 소통하고 있으니, 대중과의 소통을 위해 기자 회견을 해야 한다고 주장하는 것은 억지라고 반박했어요.

1 종합력 **이 글을 요약한 문장의 빈칸을 알맞게 채우세요.**

자유로워져야 전후 슬기로워져야 기자

시합 [ ] 운동선수의 [ ] 회견이 필요하다는 입장과 강제로 이루어지는 기자 회견에서 선수가 [ ] 한다는 입장.

2 이해력 **[ ] 안에 들어갈 내용으로 알맞은 것에 O표 하세요.**

❶ 시합 전후 기자 회견을 거부하겠다고 밝힌 오사카 나오미는 [테니스 | 골프 | 야구] 선수예요.

❷ 선수가 기자 회견을 해야 한다는 쪽에서는 기자 회견을 통해 [정부 | 언론 | 대중]에 협조하는 것이 스포츠의 인기를 높이는 데 도움이 된다고 주장해요.

3 이야기를 생각하며 빈칸에 들어갈 내용을 고르세요. (   )

추론 능력

많은 대회에서 운동선수의
기자 회견을 의무화하고 있고,
(   )
벌금을 매기는 경우도 있어요.

① 시합을 끝낸 뒤
② 이를 지키지 않으면
③ 의무를 다하면

4 다음을 제대로 분석한 친구의 번호를 쓰세요. (   )

분석력

셋째, 기자 회견 말고도 팬과 소통할 방법이 많다는 점이지요. 선수들이 평상시에 인터넷을 통해 활발하게 소통하고 있으니, 대중과의 소통을 위해 기자 회견을 해야 한다고 주장하는 것은 억지라고 반박했어요.

① 첫 번째 문장에서 근거를 들었고, 두 번째 문장에서 보충 설명을 했어.

② 첫 번째 문장에서 예를 들었고, 두 번째 문장에서 근거를 들었어.

5 근거와 주장을 알맞게 연결하세요.

사고력

근거

- 선수들의 정신 건강을 보호하기 위해서이다. •
- 기자 회견을 통해 언론에 협조하는 것이 스포츠의 인기를 높이는 데 도움이 된다. •
- 기자 회견을 통해 응원해 주는 대중과 소통할 수 있다. •
- 기자 회견이 경기에 대한 선수들의 집중력을 떨어트린다. •

주장

- • 선수가 기자 회견을 해야 한다.
- • 선수가 강제로 이루어지는 기자 회견으로부터 자유로워져야 한다.

6 이야기의 뼈대와 줄거리입니다. 빈칸에 들어갈 말을 골라 쓰세요.

내용 정리

보기 정신 테니스 인기 집중력 거부 회견 의무화 재산

스포츠 대회에서의 기자 회견	세계적인 스포츠 대회에서 시합 전후 운동선수에게 준비 과정이나 시합 결과에 대해 묻는 기자 ( ) 은 흔해요. 기자 회견을 ( ) 하는 대회도 많지요.
오사카 나오미 선수의 기자 회견 ( ) 발표	세계 랭킹 2위인 ( ) 선수 오사카 나오미가 시합 전후 기자 회견을 하지 않겠다고 발표한 이후, 오사카 선수를 지지하는 입장과 선수가 기자 회견을 해야 한다는 입장이 맞서고 있어요.
기자 회견을 해야 한다는 입장의 근거	기자 회견을 해야 한다는 쪽은 기자 회견이 대중과 소통하는 기회이고 스포츠의 ( ) 를 높이는 데 도움이 되며, 대회는 많은 사람이 참여하는 축제이니 선수에게 시합에 대해 설명할 의무가 있다고 주장해요.
오사카 나오미를 지지하는 입장의 근거	기자 회견으로부터 선수가 자유로워져야 한다는 쪽은 선수의 ( ) 건강과 ( ) 을 지켜줘야 한다면서, 기자 회견이 아니라도 선수가 팬과 소통할 방법은 많다고 반박해요.

7 파란색 글자인 '부르다'를 사전에서 찾은 뜻입니다. 이 문장에 어울리는 뜻의 번호를 고르세요. (　　)

어휘력

낱말	부르다
문장	세계적인 스포츠 대회에서는 시합 전후에 유명한 운동선수를 불러 기자 회견을 해요.
뜻	① 부탁해서 오게 하다. ② 곡조에 맞추어 노래의 가사를 소리 내다. ③ 이름을 붙이다.

※ 두 가지 이상의 뜻을 가진 낱말을 '다의어'라고 해요.

생활문—설명문

세계 여러 나라의 재미있는 속담

🔊 다음 글을 소리 내어 읽어 보세요.

속담은 옛날 사람들의 지혜가 담긴 말로 입에서 입으로 내려오는 표현이에요. 예를 들어 우리나라 속담인 '세 살 버릇 여든까지 간다.'는 한 번 들인 버릇은 고치기 힘드니, 나쁜 버릇은 처음부터 들이지 말라는 뜻을 담고 있어요. 속담은 직접적인 설명보다 비유적인 표현이 많아서 기발해요. 세계 여러 나라의 재미있는 속담들을 대륙별로 알아봅시다.

먼저 아프리카 속담이에요. '언젠가는 달걀이 발로 걸어갈 것이다'는 에티오피아의 속담이에요. 참고 기다리면 바라던 일이 이루어지니 끝까지 포기하지 말라는 뜻을 담고 있지요. '코끼리들 싸움에 들풀이 고생한다.'는 나이지리아 속담이에요. 강한 힘을 가진 자들의 싸움에 괜히 약한 자들이 피해를 본다는 뜻이지요. '뱀에 물렸던 사람은 지렁이도 무서워한다.'는 가나 속담으로, 어떤 것을 보고 놀란 적이 있는 사람은 비슷한 것에도 놀라게 된다는 뜻이에요.

▲걸어가는 달걀

▲풀밭에서 싸우는 코끼리

아시아 속담도 알아봅시다. '개가 생선 뼈를 지킨다.'는 태국 속담이에요. 어리석게도 (   ) 소중하게 생각하고 있다는 뜻을 담고 있지요. '새우로 도미를 낚는다.'는 일본 속담이에요. 도미는 값이 비싼 생선이고, 새우는 상대적으로 저렴하지요. 적은 돈이나 노력으로 큰 결과를 얻는다는 뜻을 담고 있답니다. '한 개의 화살로 두 마리의 독수리를 잡는다.'는 중국 속담으로 한 가지 기술로 두 가지 이득을 얻는다는 뜻이 있어요.

- **기발하다:** 엉뚱하면서도 놀랍고 뛰어나다.
- **저렴하다:** 값이 싸다.
- **교만:** 잘난 체하며 뽐내고 건방지게 행동함.

유럽 속담도 몇 가지 알아볼까요? '비둘기가 까마귀와 놀면, 그 날개는 여전히 희지만 그 마음은 검어진다.'는 독일 속담입니다. 사람은 환경의 영향을 받으니 좋은 친구를 사귀어야 한다는 뜻을 담고 있어요. '늙은 암소는 자기가 송아지였던 적이 없다고 생각한다.'는 프랑스 속담입니다. 사람은 쉽게 자신의 부족했던 시절을 잊어버리고 교만해진다는 뜻을 담고 있지요. '그의 모든 거위는 백조다.'는 영국 속담으로 자신이 가진 것이 거위인데도 백조라고 과장하며 제 자랑만 늘어놓는다는 뜻을 담고 있어요.

지금까지 재미있는 세계 여러 나라의 속담을 알아보았어요. 배운 속담을 생활에서 활용하여 여러분의 표현력을 높여 보세요.

1 이 글을 요약한 문장의 빈칸을 알맞게 채우세요.

종합력

속담 나라 대륙 놀이

[ ] 별로 알아본 세계 여러 [ ] 의 재미있는 [ ].

2 [ ] 안에 들어갈 내용으로 알맞은 것에 O표 하세요.

이해력

❶ '언젠가는 달걀이 발로 걸어갈 것이다.'는 [가나 | 나이지리아 | 에티오피아]의 속담으로 끝까지 포기하지 말라는 뜻을 담고 있어요.

❷ 프랑스 속담 '늙은 암소는 자기가 [강아지 | 송아지 | 망아지]였던 적이 없다고 생각한다.'는 사람이 쉽게 자신의 부족했던 시절을 잊어버리고 교만해진다는 뜻을 담고 있어요.

3 이야기를 생각하며 빈칸에 들어갈 내용을 고르세요. (   )

추론 능력

'개가 생선 뼈를 지킨다.'는 태국 속담이에요. 어리석게도 [   ] 소중하게 생각하고 있다는 뜻을 담고 있지요.

① 자신에게 필요 없는 것을

② 자신에게 꼭 필요한 것을

③ 자신에게 넘치게 많은 것을

4 내용을 제대로 분석하지 못한 어린이의 이름을 쓰세요. (   )

분석력

글쓴이는 직접적으로 설명하기보다는 비유적으로 설명하는 속담들의 예를 들었어.

준서

글쓴이는 유럽 속담, 아프리카 속담, 아시아 속담 순서로 예를 들었어.

지후

글쓴이가 예로 든 속담 중에는 동물이 등장하는 게 많아.

수아

5 이 글에 나온 외국 속담과 비슷하게 쓰일 수 있는 우리나라 속담을 서로 연결하세요.

사고력

외국 속담		우리나라 속담
코끼리들 싸움에 들풀이 고생한다. •		• 개구리 올챙이 적 생각 못 한다.
뱀에 물렸던 사람은 지렁이도 무서워한다. •		• 고래 싸움에 새우 등 터진다.
늙은 암소는 자기가 송아지였던 적이 없다고 생각한다. •		• 자라 보고 놀란 가슴 솥뚜껑 보고 놀란다.

6 이야기의 뼈대와 줄거리입니다. 빈칸에 들어갈 말을 골라 쓰세요.

내용 정리

보기: 백조 독수리 오리 비유적 지렁이 아프리카 새우 까마귀

속담의 뜻과 글감 소개	옛날 사람들의 지혜가 담긴 말로 입에서 입으로 내려오는 표현인 속담은 직접적인 설명보다 ( )인 표현이 많아요. 세계 여러 나라의 재미있는 속담들을 대륙별로 알아봅시다.

↓

( )의 속담	아프리카에는 에티오피아의 '언젠가는 달걀이 발로 걸어갈 것이다.', 나이지리아의 '코끼리들 싸움에 들풀이 고생한다.', 가나의 '뱀에 물렸던 사람은 ( )도 무서워한다.' 등이 있지요.

↓

아시아의 속담	아시아에는 태국의 '개가 생선뼈를 지킨다.', 일본의 '( )로 도미를 낚는다.', 중국의 '한 개의 화살로 두 마리의 ( )를 잡는다.' 등이 있어요.

↓

유럽의 속담과 제안	유럽에는 독일의 '비둘기가 ( )와 놀면, 그 날개는 여전히 희지만 그 마음은 검어진다.', 프랑스의 '늙은 암소는 자기가 송아지였던 적이 없다고 생각한다.', 영국의 '그의 모든 거위는 ( )다.' 등이 있어요. 배운 속담을 활용해 표현력을 높여 보세요.

7 파란색 글자인 '늘어놓다'를 사전에서 찾은 뜻입니다. 이 문장에 어울리는 뜻의 번호를 고르세요. (   )

어휘력

낱말	늘어놓다
문장	'그의 모든 거위는 백조다.'는 영국 속담으로 자신이 가진 것이 거위인데도 백조라고 과장하며 제 자랑만 늘어놓는다는 뜻을 담고 있어요.
뜻	① 물건을 줄을 지어 벌여 놓다. ② 여러 가지 일을 한꺼번에 여기저기 벌여 놓다. ③ 수다스럽게 말을 많이 하다.

생활문–독서 감상문

우정 1호, 우정 2호와 떠난 세계 여행

🔈 다음 사랑이의 독서 감상문을 소리 내어 읽어 보세요.

얼마 전 한 텔레비전 프로그램에서 김찬삼에 대한 내용이 나왔다. 같이 보시던 할아버지께서 아주 유명한 분이라고 하셨다. 할머니께서는 젊을 때 그분이 쓴《세계 일주 무전 여행기》를 읽었다고 하셨다. 그 당시는 (   ) 그가 찍은 사진은 귀한 자료였다. 당시 사람들은 그가 찍은 아마존 정글, 이집트의 피라미드 사진을 휘둥그레 바라보며 이야기꽃을 피웠다고 한다. 나의 장래 희망 역시 여행가이자 작가여서 그분의 삶에 대한 책을 찾아 읽게 되었다.

김찬삼은 원래 고등학교의 지리 선생님이었다. 책에서 배운 지식으로만 학생들을 가르치려니 답답해서 세계 일주를 시작했다고 한다. 보통 여행지라고 하면 아름답고 편안한 곳을 떠올린다. 그러나 그의 첫 여행지는 특이하게도 알래스카다. 그 뒤로도 사막, 식인종 마을 등을 방문했다. 이런 곳에는 한 치 앞을 알 수 없는 위험이 도사렸을 텐데 그 용기가 대단하다. 그는 여권 뒤에 유서 한 장과 행운을 상징하는 미국 돈 2달러를 꽂고 다녔다. 혹시 닥칠지도 모를 불행을 대비한 것일까? 그렇게 총 160여 개국과 1,000여 개의 도시를 방문했고, 여행 시간을 합치면 무려 14년이라고 하니 놀라울 뿐이다.

이 책의 내용 중에서 '우정 1호'와 '우정 2호'에 대한 이야기가 가장 인상 깊다. 두 번째 세계 여행을 갈 때 김찬삼은 '우정 1호'라는 이름을 붙인 오토바이를 타고 다녔다. '우정 1호'로 독일과 캐나다 등을 함께 했는데, 그 거리가 무려 5,000킬로미터가 넘는다고 한다. 세 번째 여행에서는 한 신문사가 딱정벌레처럼 생긴 자동차를 지원해 주었다. 그 자동차가 바로 '우정 2호'이다. 여행을 함께한 오토바이와 자동차에 이름을 붙이다니 정말 다정다감한 성격이신 것 같다. 나의 '우정 1호'와 '우정 2호'는 무엇이 될까?

어휘
- **세계 일주:** 일정한 순서를 따라 세계를 한 바퀴 돎.
- **유서:** 죽음에 이르러 남기는 말 또는 글. 혹은 죽은 뒤를 생각해서 남기는 말 또는 글.
- **벅차오르다:** 큰 감격이나 기쁨으로 가슴이 몹시 뿌듯하여 오다.

이 책에서 김찬삼이 소년 시절에 읽었던 책 속의 주인공을 직접 만나러 간 장면이 가장 감동적이었다. 그 주인공은 바로 슈바이처 박사다. 김찬삼은 아프리카에서 환자들을 보살피는 데 일생을 바친 슈바이처 이야기에 큰 감명을 받았는데, 두 번째 세계 여행에서 드디어 아프리카 가봉에 있던 슈바이처 박사의 병원을 찾아갔다. 그는 슈바이처 박사의 병원에서 보름간 봉사하며 함께 시간을 보냈다고 한다. 살면서 꿈에 그리던 곳을 가고, 꿈에 그리던 사람을 만난다는 것은 얼마나 멋진 일인가? 책장을 덮으며 나는 가슴이 벅차오르는 걸 느꼈다. 나처럼 여행가를 꿈꾸는 모든 사람에게 이 책을 추천하고 싶다.

▲슈바이처를 만난 김찬삼

1 종합력

이 글을 요약한 문장의 빈칸을 알맞게 채우세요.

세계 일주 감동 김찬삼 질투

(   ) 여행가인 (   )의 삶에 대한 책을 읽고 느낀 (   ).

2 이해력

(   ) 안에 들어갈 내용으로 알맞은 것에 O표 하세요.

① 두 번째 세계 여행을 갈 때 김찬삼은 '(친구 | 우정 | 동생) 1호'라는 이름을 붙인 오토바이를 타고 다녔어요.

② 김찬삼은 아프리카 (가나 | 기니 | 가봉)에 있던 슈바이처의 병원을 찾아갔어요.

3 추론 능력

이야기를 생각하며 빈칸에 들어갈 내용을 고르세요. (   )

그 당시는

[   ]

그가 찍은 사진은 귀한 자료였다.

① 자동차를 마음대로 가질 수 없었던 때라
② 해외여행을 마음대로 갈 수 없었던 때라
③ 글씨를 아는 사람이 거의 없었던 때라

4 분석력

표의 빈칸에 들어갈 내용을 쓰세요.

	우정 1호	우정 2호
종류	오토바이	자동차
함께한 여행	□ 번째 여행	□ 번째 여행
관련 정보	□□, 캐나다 등을 함께함.	한 □□□가 지원해 줌.

5 사고력

이 글의 성격을 잘 이해하지 <u>못한</u> 어린이의 이름을 쓰세요. (   )

사랑이가 이 책을 읽게 된 동기는 사랑이의 장래 희망과 관련되어 있어.

준서

사랑이는 책을 읽으며 김찬삼이 어떤 의학 지식이 있는지 추측해 봤어.

수아

사랑이가 가장 감동을 받은 부분은 슈바이처 박사와 관련되어 있어.

지후

6 이야기의 뼈대와 줄거리입니다. 빈칸에 들어갈 말을 골라 쓰세요.

내용 정리

보기 알래스카 슈바이처 오토바이 자동차 지리 여행가 슈베르트 동기

책을 읽게 된 ( )	김찬삼은 할아버지, 할머니께서 아실 정도로 유명한 세계 일주 여행가이다. 나의 장래 희망 역시 ( )이자 작가여서 그분의 삶에 대한 책을 찾아 읽게 되었다.

↓

김찬삼에 대한 소개	고등학교의 ( ) 선생님이었던 김찬삼은 첫 여행지를 ( )로 할 정도로 용기 있는 여행을 하며 총 160여 개국과 1,000여 개의 도시를 방문했다.

↓

인상 깊었던 부분	이 책의 내용 중에서 '우정 1호'라는 이름을 붙인 ( )와 '우정 2호'라는 이름을 붙인 ( )와 여행을 함께했다는 이야기가 가장 인상 깊다.

↓

감동적인 부분과 책의 추천	아프리카를 찾아가 꿈에 그리던 ( ) 박사를 직접 만나 함께 시간을 보냈다니 감동적이다. 나처럼 여행가를 꿈꾸는 모든 사람에게 이 책을 추천하고 싶다.

7 파란색 글자인 '보내다'를 사전에서 찾은 뜻입니다. 이 문장에 어울리는 뜻의 번호를 고르세요. ( )

어휘력

낱말	보내다
문장	그는 슈바이처 박사의 병원에서 보름간 봉사하며 함께 시간을 보냈다고 한다.
뜻	① 사람이나 물건 등을 다른 곳으로 가게 하다. ② 시간이나 세월을 지나가게 하다. ③ ('시집'이나 '장가'와 함께 쓰여) 결혼을 시키다.

생활문-발표문

바빠 독해 16 별명으로 부르는 것을 반대합니다

🔊 다음 글을 소리 내어 읽어 보세요.

사랑이네 학급에서는 학교에서 학생들끼리 별명으로 부르는 것을 금지할 것인가에 대해 의견을 정해 발표했습니다. 아래는 사랑이의 발표문입니다.

최근 들어 친구들의 별명을 부르는 학생들이 많아졌습니다. 우리 반에도 친구를 땅콩, 키다리, 돼지 등으로 부르는 친구들이 있습니다(왼쪽에서 오른쪽으로 청중을 둘러보며). 별명을 부르는 게 친구들끼리 친근감을 표현하는 방법일 수 있습니다(미소 지으며). 그렇지만 저는 별명을 부르면서 생기는 문제점이 더 많다고 생각합니다(단호한 표정으로 고개를 가로저으며).

첫째(손가락 1개를 들어 보이며), 별명을 듣는 사람의 기분이 나쁠 수 있습니다. 별명은 보통 외모에 대한 것이 많습니다. 또 친구들은 장난치는 상황에서 별명을 자주 부릅니다. 그렇기 때문에 듣는 사람은 놀림을 받는 느낌이 들 수 있습니다. 또, 부르는 사람은 그 별명을 한 번 불렀지만, 듣는 사람은 여러 사람에게 반복적으로 듣게 되니 마음의 상처가 될 수 있습니다. 제가 4학년이었을 때(손가락 4개를 들어 보이며), 별명이 싫어서 전학을 간 친구도 있습니다. 친구들이 부르는 별명 때문에 짜증이 나고 불쾌해서였다고 합니다.

둘째(손가락 2개를 들어 보이며), 별명을 부르는 것이 집단 괴롭힘으로 발전할 수 있습니다. 어린이나 청소년들은 유행을 따라 하려는 경향이 있습니다. 어떤 학생이 싫어하는 학생에게 일부러 짓궂은 별명을 붙이고 자꾸 그 별명을 쓰면, 다른 친구들은 아무 생각 없이 (　　　　　　　　). 그렇게 별명을 부르는 것으로 집단 괴롭힘이 시작될

어휘
- **친근감:** 사이가 아주 친하고 가까운 느낌.
- **경향:** 말과 행동이 어느 한 쪽으로 쏠림.
- **경청:** 귀를 기울이고 집중해서 들음.

수 있습니다. 그래서 이 문제가 심각한 일본에서는 별명을 부르는 것을 금지하는 초등학교가 늘고 있다고 합니다(오른손 집게손가락으로 위로 올라가는 곡선을 그리며).

셋째(손가락 3개를 동시에 들어 보이며), 별명 부르기는 학교가 즐거운 공간이 되는 데 방해가 됩니다. 학교가 즐거운 공간이 되려면 상대방을 기분 나쁘게 하는 행동은 하지 말아야 합니다(고개를 옆으로 저으며). 또한, 듣는 사람의 기분을 생각하고 배려하려고 노력해야 합니다. 그렇지만 별명 부르기는 한쪽은 즐겁고 다른 한쪽은 기분이 나쁜 경우가 많습니다. 반대로 이름 부르기는 서로를 더 존중하게 만들어 즐거운 학교 만들기에 도움이 됩니다(고개를 끄덕이며).

지금까지 학교에서 학생들이 별명으로 부르는 것을 금지해야 하는 이유에 대해 말씀드렸습니다. 저의 발표를 경청해 주셔서 감사합니다(공손히 고개를 숙이며 퇴장).

첫째, 별명을 듣는 사람의 기분이 나쁠 수 있다.

둘째, 별명을 부르는 것이 집단 괴롭힘으로 발전할 수 있다.

셋째, 별명 부르기는 학교가 즐거운 공간이 되는 데 방해가 된다.

1 종합력

이 글을 요약한 문장의 빈칸을 알맞게 채우세요.

반대　별명　학교　찬성

[　　　]에서 학생들끼리 [　　　]을 부르는 것을 [　　　]하는 세 가지 이유.

2 이해력

[　　　] 안에 들어갈 내용으로 알맞은 것에 O표 하세요.

① 사랑이 친구 중에 별명이 싫어서 [전학을 | 체험 학습을 | 집으로] 간 친구가 있어요.

② 집단 괴롭힘 문제가 심각한 [미국 | 중국 | 일본]에서는 별명을 부르는 것을 금지하는 초등학교가 늘고 있어요.

3 이야기를 생각하며 빈칸에 들어갈 내용을 고르세요. (   )

추론 능력

어떤 학생이 싫어하는 학생에게
일부러 짓궂은 별명을 붙이고
자꾸 그 별명을 쓰면,
다른 친구들은 아무 생각 없이
[   ]

① 그 별명에 반대하는 것이지요.
② 그 친구에게 사과하는 것이지요.
③ 그 별명을 따라 하는 것이지요.

4 사랑이의 발표 방식을 잘 분석한 친구의 번호를 쓰세요. (   )

분석력

① 사랑이는 발짓이나 목소리의 높낮이로 말하는 내용을 강조하고 있어.

② 사랑이는 친구나 이웃 나라에 벌어진 일을 언급하며 주장을 펼치고 있어.

5 ㉠, ㉡, ㉢에 대해 알맞게 말한 어린이의 이름을 쓰세요. (   )

사고력

셋째(㉠ 손가락 3개를 동시에 들어 보이며), 별명 부르기는 학교가 즐거운 공간이 되는 데 방해가 됩니다. 학교가 즐거운 공간이 되려면 서로 상대방을 기분 나쁘게 하는 행동은 하지 말아야 합니다(㉡ 고개를 옆으로 저으며). 또한 듣는 사람의 기분을 생각하고 배려하려고 노력해야 합니다. 그렇지만 별명 부르기는 한쪽은 즐겁고 다른 한쪽은 기분이 나쁜 경우가 많습니다. 반대로 이름 부르기는 서로를 존중하게 만들어 즐거운 학교 만들기에 도움이 됩니다(㉢ 고개를 끄덕이며).

㉠은 앞으로 말하려는 내용이 세 살 어린이도 안다는 것을 강조하려는 몸짓이야.

지후

㉡은 별명 부르기를 하지 말아야 한다는 것을 강조하려는 몸짓이야.

준서

㉢은 별명 부르기를 해야 한다는 것을 강조하려는 몸짓이야.

수아

6 이야기의 뼈대와 줄거리입니다. 빈칸에 들어갈 말을 골라 쓰세요.

내용 정리

보기 괴롭힘 즐거운 경청 친근감 시작 외모 상처 존경

발표의 ( )	최근 들어 땅콩, 키다리, 돼지처럼 친구들의 별명을 부르는 학생들이 많아졌는데, 별명을 부르는 게 ( )을 표현하는 방법일 수 있지만 저는 문제점이 더 많다고 생각합니다.
첫 번째 문제점	첫째, 별명은 ( )에 대한 것이 많고, 장난치는 상황에서 자주 부르기 때문에 듣는 사람의 기분이 나쁠 수 있습니다. 별명 때문에 마음의 ( )를 받고 전학을 간 친구도 있습니다.
두 번째 문제점	둘째, 어린이나 청소년은 유행을 따라 하기 때문에 별명을 부르는 것이 집단 ( )으로 발전할 수 있습니다. 그래서 일본에서는 별명을 부르는 것을 금지하는 초등학교가 늘고 있다고 합니다.
세 번째 문제점과 발표의 마무리	셋째, 별명 부르기는 학교가 ( ) 공간이 되는 데 방해가 됩니다. 상대방의 기분을 배려하고 존중하는 데는 이름 부르기가 더 도움이 됩니다. 저의 발표를 ( )해 주셔서 감사합니다.

7 파란색 글자인 '따르다'를 사전에서 찾은 뜻입니다. 이 문장에 어울리는 뜻의 번호를 고르세요. (   )

어휘력

낱말	따르다
문장	어린이나 청소년들은 유행을 따라 하려는 경향이 있습니다.
뜻	① 어떤 사람이 가는 대로 뒤에서 가다. ② 어떤 일이 다른 일과 함께 일어나다. ③ 유행, 명령, 의견을 그대로 행동에 옮기다.

생활문—신문 기사

떠돌던 코끼리 떼, 마침내 집으로 돌아가다!

바쁜 초등학생을 위한 빠른 신문 [바빠 신문]

코끼리 떼, 마침내 집으로 돌아가다!

[바빠 신문] 입력: 20△△년 △월 △일
최엉뚱 기자(funnychoi@bappanews.com)

17개월 동안 방황하던 중국의 코끼리 떼가 마침내 귀향한다는 소식이 들려왔다. 현지 언론에 따르면 북쪽으로 가던 코끼리들이 방향을 틀어 원래 살던 서식지로 향하고 있다고 한다. 열네 마리의 코끼리 떼가 이동한 거리는 무려 1,300킬로미터이다. '정말 대단한 코끼리 여행이었다.'며 대중은 귀향하는 코끼리를 환영하고 있다.

▲이동 중인 코끼리 떼

중국 윈난성의 시솽반나 자연보호구역은 생태계 보전이 잘 된 지역으로 이름이 높다. 이 구역에 살던 야생 코끼리들이 느닷없이 보호구역을 떠나 사람들이 사는 마을로 내려온 것은 17개월 전이다. 코끼리 떼가 자연보호구역 내에서 옮겨 다니는 일은 흔했다. 그렇지만 살던 곳으로 돌아가지 않고 계속 북으로 향하는 코끼리 떼의 모습은 처음이라 중국 정부는 당황했다. 코끼리들이 주민들을 공격하거나 농작물을 먹어 치우는 등의 피해를 줄 수 있다는 우려 때문이다. 또 코끼리들이 사냥꾼을 만나거나 교통사고를 당해 죽을 수도 있는 위기 상황이었다.

중국 정부는 전문가와 협조하여 코끼리들의 여행을 돕기로 결정했다. 먼저 이들은 드론을 띄워 코끼리들의 이동 경로를 파악하고 상태를 관찰했다. 또 코끼리들이 지나갈 것으로 예상되는 곳의 지역 주민은 미리 대피시키고 차량 이동도 통제했다. 코끼리가 지나가는 길목에 옥수수, 바나나, 파인애플 등의 먹이도 놓았다. 한 정부 관계자는 "그동안 대

- **귀향**: 고향으로 돌아감.
- **드론**: 멀리서 조종되는 무인 비행 물체.
- **개체 수**: 낱낱의 생물체 수.

피한 주민은 15만 명, 하늘에 띄운 드론은 973대, 먹이는 180톤에 달한다."며 그간의 노력을 설명했다.

몇몇 언론은 코끼리들의 모습을 생중계하였다. 덕분에 중국인들은 야생 코끼리들의 여행을 즐겁게 지켜보았다. 코끼리들이 진흙 목욕을 하거나 함께 모여서 낮잠 자는 모습이 공개되었다. 여행 도중에 무리에서 떨어져 나간 코끼리가 구조되기도 하고, 새끼가 태어나기도 했다. 이렇게 코끼리들의 여행은 오랫동안 중국인들의 관심사가 되었다. 다만 코끼리들이 서식지를 떠난 이유는 지금까지 명확하지 않다. 시솽반나의 한 연구원은 "자연보호구역 내의 개체 수가 늘어나 (   ) 먹이를 찾아 떠났을 것"이라고 추측하며 앞으로 본격적인 연구를 하겠다고 밝혔다.

▲진흙 목욕 중인 코끼리

1 종합력 **이 글을 요약한 문장의 빈칸을 알맞게 채우세요.**

귀향　코끼리　서식지　고향

17개월간 [　　] 를 떠나 떠돌던 중국의 야생 [　　] 들의 여행과 [　　].

2 이해력 **[　　] 안에 들어갈 내용으로 알맞은 것에 O표 하세요.**

① 17개월 전 시솽반나 자연보호구역을 떠난 코끼리 떼는 계속 [동 | 서 | 북] 으로 향했어요.

② 중국 정부는 코끼리가 지나가는 길목에 [덫을 | 먹이를 | 장난감을] 놓았어요.

3 이야기를 생각하며 빈칸에 들어갈 내용을 고르세요. (　　　)

추론 능력

> 시솽반나의 한 연구원은
> "자연보호구역 내의 개체 수가 늘어나
> [　　　　　　　　] 먹이를 찾아 떠났을 것"이라고
> 추측하며 앞으로 본격적인 연구를 하겠다고 밝혔다.

① 모험심이 생겨서
② 먹이가 부족해지면서
③ 스트레스가 해소되어

4 코끼리의 여행을 순서대로 요약한 것이에요. 빈칸에 들어갈 내용을 바르게 말한 친구의 번호를 쓰세요. (　　　)

분석력

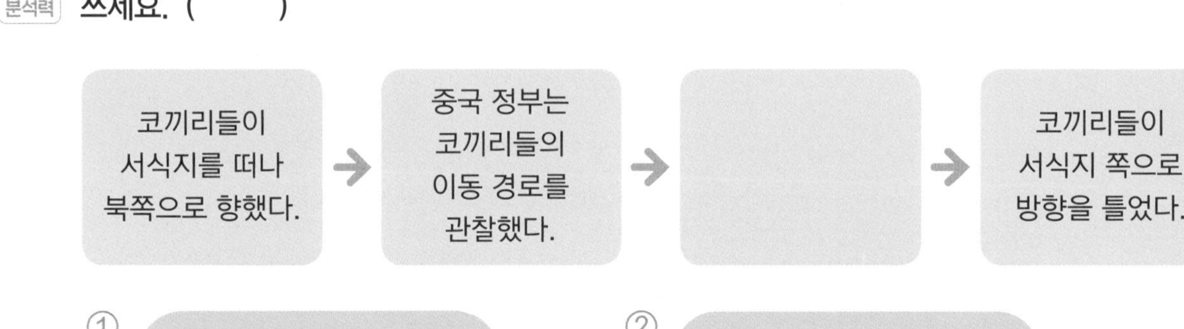

5 이 글의 성격을 잘 이해하지 <u>못한</u> 어린이의 이름을 쓰세요. (　　　　　)

사고력

이 사건이 있기 전에는 코끼리들이 자연보호구역을 떠나는 일이 흔하지 않았구나.

준서

코끼리들이 서식지를 떠난 이유는 진흙 목욕 때문이구나.

지후

중국 정부는 코끼리도 보호하고 주민들도 보호하느라 애를 썼구나.

주희

6 내용 정리 **이야기의 뼈대와 줄거리입니다. 빈칸에 들어갈 말을 골라 쓰세요.**

보기
전문가 대피 시솽반나 재주 서식지 주민 여행 귀향

코끼리 떼의 ☐ 소식	17개월 동안 무려 1,300킬로미터를 떠돌던 중국의 코끼리 떼가 방향을 틀어 원래 살던 ☐로 향한다는 소식에 대중은 환영하고 있다.

↓

17개월 전의 위기 상황	중국 윈난성의 ☐ 자연보호구역에 살던 야생 코끼리들은 숲을 떠나 계속 북으로 향했다. 코끼리가 ☐에게 피해를 줄 수도 있고, 코끼리가 사고로 죽을 수도 있는 위기 상황이었다.

↓

중국 정부의 노력	중국 정부는 ☐와 협조하여 코끼리들이 지나갈 것으로 예상되는 곳의 지역 주민은 ☐시키고, 코끼리가 지나가는 길목에 먹이를 놓는 등의 노력을 기울였다.

↓

언론의 관심과 앞으로의 과제	언론의 생중계로 인해 코끼리들의 ☐은 중국인들의 관심사가 되었다. 다만 아직 코끼리들이 서식지를 떠난 이유는 명확하지 않으며, 시솽반나 연구원은 앞으로 본격적인 연구를 하겠다고 밝혔다.

7 어휘력 **파란색 글자인 '높다'를 사전에서 찾은 뜻입니다. 이 문장에 어울리는 뜻의 번호를 고르세요. (　　　)**

낱말	높다
문장	시솽반나 자연보호구역은 생태계 보전이 잘 된 지역으로 이름이 높다.
뜻	① 아래에서 위까지 벌어진 사이가 크다. ② 이름이나 명성 따위가 널리 알려진 상태에 있다. ③ 지위나 신분 따위가 보통보다 위에 있다.

생활문–대화문

누리호, 지구의 모습을 담다

다음 글을 소리 내어 읽어 보세요.

박꾀꼬리 앵커

우리나라 독자 기술로 발사된 한국형 우주발사체인 누리호에 달린 카메라로 촬영된 영상이 최근 공개되었다고 합니다. 현장에 계신 김꼼꼼 기자! 소식을 전해 주시죠.

김꼼꼼 기자

네, 저는 지금 한국항공우주연구원에 나와 있습니다. 나영재 박사님을 모시고 자세히 알아보도록 하겠습니다. 안녕하세요, 박사님! 공개된 영상은 어떤 내용인가요?

나영재 박사

네, 안녕하세요. 이 영상은 누리호 발사의 전 과정입니다. 누리호는 총 3단형으로 구성되었는데요. 1단 점화부터 이륙, 1단 분리 및 2단 점화, 페어링(발사체 내 탑재물을 보호하는 덮개) 분리, 2단 분리 및 3단 점화, 위성 모사체 분리 과정이 차례로 담겨 있지요.

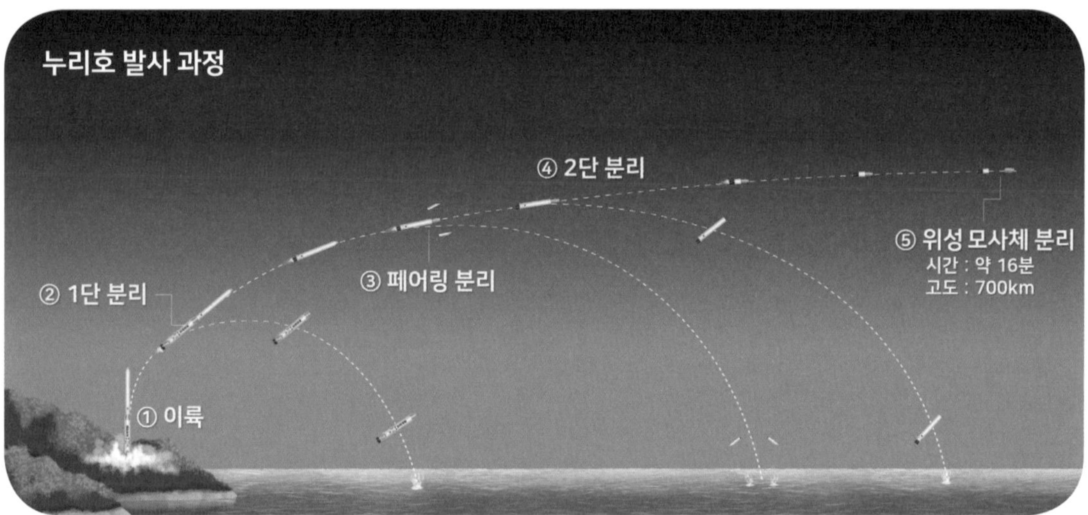

김꼼꼼 기자

1단 분리와 2단 분리는 어느 정도 높이에서 진행되었나요?
또, 지구의 모습도 관측되었다고요?

나영재 박사

네, 1단 분리는 고도 59킬로미터, 2단 분리는 259킬로미터에서 이루어졌습니다. 그리고 2단 로켓이 분리되면서 온통 검은 우주 속 파랗고 아름다운 지구의 모습이 카메라에 담겼습니다.

김꼼꼼 기자

인공위성 모사체를 궤도에 올리는 것은 실패하였지요?

어휘

- **모사체:** 원래 만들어야 하는 것과 비슷하게 만든 모형.
- **종료:** 어떤 행동이나 일 따위가 끝남.
- **지속적:** 어떤 상태가 오래 계속되는 것.
- **안착:** 어떤 곳에 무사하게 잘 도착함.

네, 안타깝게도 그렇습니다. 누리호가 목표 고도인 700킬로미터까지 올라갔으나, 모사체를 지구 궤도 위에 안착시키는 데는 실패했습니다. 3단 로켓의 엔진이 예상보다 빨리 연소 종료된 탓입니다.

과학계에서는 700킬로미터까지 모사체를 올린 것만 해도 대단한 성과라고 보던데요.

그렇게 말씀해 주셔서 감사합니다. 앞으로도 한국의 (   ) 더 열심히 연구하겠습니다. 정부와 국민 여러분의 지속적인 관심을 부탁드립니다.

김꼼꼼 기자

나영재 박사님, 감사합니다. 한국항공우주연구원은 앞으로 누리호의 엔진이 빠르게 연소 종료된 원인을 파악할 계획이라고 합니다. 지금까지 한국항공우주연구원에서 김꼼꼼이었습니다.

네, 십 년 넘게 연구에 매달리셨던 연구원들께 박수를 보냅니다. 김꼼꼼 기자도 수고 많으셨습니다.

▲발사대를 떠나는 누리호

1 이 글을 요약한 문장의 빈칸을 알맞게 채우세요.

종합력

보기: 궤도 영상 누리호 지붕

(   )가 촬영한 (   )의 내용과 모사체를 (   )에 올리는데 실패한 원인에 대한 소식.

2 (   ) 안에 들어갈 내용으로 알맞은 것에 O표 하세요.

이해력

1. 누리호는 총 (2단형 | 3단형 | 4단형)으로 구성되어 있다.
2. 누리호가 지구의 모습을 촬영한 것은 (1단 로켓 | 2단 로켓 | 3단 로켓)이 분리되면서다.

3 추론 능력

이야기를 생각하며 빈칸에 들어갈 내용을 고르세요. (　　　　)

> 앞으로도 한국의
> [　　　　　　　　　　]
> 더 열심히 연구하겠습니다.

① 카메라 영상 발전을 위해

② 엔진 과학 발전을 위해

③ 항공우주과학 발전을 위해

4 분석력

누리호 발사 과정을 표로 나타낸 것입니다. 빈칸에 들어갈 내용을 쓰세요.

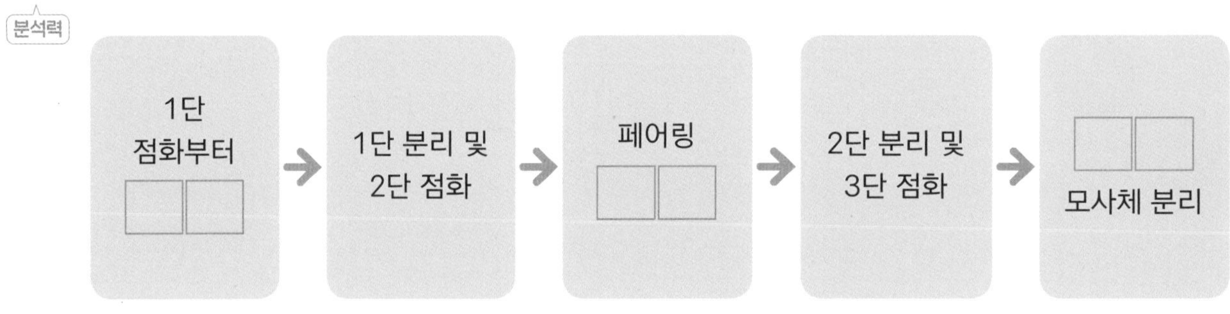

5 사고력

내용을 잘 이해한 어린이의 이름을 쓰세요. (　　　　　　)

준서: 누리호는 외국의 기술에 의존해서 만들었어.

지후: 지구의 모습은 누리호가 이륙할 때 찍혔어.

수아: 누리호가 궤도에 올리려던 것은 가짜 인공위성이야.

6 이야기의 뼈대와 줄거리입니다. 빈칸에 들어갈 말을 골라 쓰세요.

내용 정리

보기 엔진 연소 항공우주 발사 궤도 영상 관측 연기

현장에 나간 기자	박꾀꼬리 앵커는 기자를 불러 누리호에 달린 카메라로 촬영된 영상이 최근 공개된 소식을 전해 달라고 했다. 한국 ☐ 연구원에 나가 있는 김꼼꼼 기자는 나영재 박사와 질문을 주고받았다.
↓	
☐ 의 내용	영상의 내용을 묻는 기자에게 박사는 누리호 ☐ 의 전 과정이라고 답하며 1단 분리, 2단 분리가 된 높이에 대해서도 설명했다. 또한 2단 로켓이 분리되면서 지구의 모습이 ☐ 되었다는 말도 덧붙였다.
↓	
모사체의 궤도 안착 실패 원인	박사가 인공위성 모사체를 ☐ 에 안착시키는 것에 실패한 원인을 설명하자 기자는 그래도 대단한 성과라고 했다. 박사는 감사하다며 정부와 국민의 지속적인 관심을 부탁했다.
↓	
앞으로 연구할 내용과 보도의 마무리	기자는 한국항공우주연구원이 누리호의 ☐ 이 빠르게 ☐ 종료된 원인을 파악할 계획이라고 전했고, 앵커는 연구원들께 박수를 보낸다며 보도를 마무리했다.

7 파란색 글자인 '매달리다'를 사전에서 찾은 뜻입니다. 이 문장에 어울리는 뜻의 번호를 고르세요. (   )

어휘력

낱말	매달리다
문장	십 년 넘게 연구에 매달리셨던 연구원들께 박수를 보냅니다.
뜻	① 줄이나 끈, 실 따위에 잡아매어서 달리다. ② 어떤 것을 붙잡고 늘어지다. ③ 어떤 일에 관계하여 거기에만 몸과 마음이 쏠려 있다.

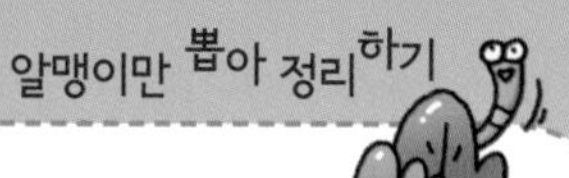

1 어울리는 내용끼리 알맞게 연결하세요.

시합 전후 운동선수가 기자 회견을 해야 한다는 입장과	'우정 1호'와 '우정 2호'이다.
속담은 직접적인 설명보다	집단 괴롭힘으로 발전할 수 있다.
세계 일주 여행가인 김찬삼과 함께한 오토바이와 자동차는	강제 기자 회견에서 선수가 자유로워져야 한다는 입장이 맞서고 있다.
학생들이 학교에서 짓궂은 별명을 부르다 보면	아름다운 지구의 모습이 카메라에 담겼다.
서식지를 떠나 떠돌던 중국의 코끼리 떼가	비유적인 표현이 많다.
한국형 우주발사체 누리호의 2단 로켓이 분리되면서	마침내 서식지로 돌아간다는 소식이 전해졌다.

2 <보기>의 말을 낱말 판에서 찾아 묶어 보세요.

보기

각오 교만 유서 친근감 귀향 안착

류	계	히	획	탑	덮	각	오
었	안	앵	퍼	않	던	끊	퍼
했	착	쿠	튜	츄	유	컬	교
됴	있	히	빼	례	서	뷔	만
귀	향	네	련	넣	째	슈	셨
꼼	싶	많	친	근	감	뷰	떻

교과 사회

사회는 사회 현상을 올바르게 이해하고 사회인으로 성장하는 데 꼭 필요한 교양과 태도를 기르는 과목이에요. 지리, 역사, 경제 및 문화에 대한 지식을 배우지요. 그래서 넷째 마당에는 여러분이 사회 과목을 공부하는 데 직접적으로 도움이 되는 글감을 담았어요. 글감은 사회 단원의 순서에 맞추어 구성했으니 사회 과목을 예습하거나 복습하는 데에도 도움이 되고, 중학교 사회 교과서와 연관성이 높은 내용으로 선정했으니 중학교 입학 준비에도 도움이 될 거예요. 넷째 마당을 통해 독해력도 쑥쑥 기르고 사회 지식도 차곡차곡 쌓아 보세요.

교과 사회–대화문

바빠 독해 19 만장일치로 결정하는 회의가 있었다고?

🔊 다음 글을 소리 내어 읽어 보세요.

어떤 안건이 있을 때 민주 사회에서는 보통 다수결의 원칙으로 결정해요. 대화와 토론을 거쳐 양보와 타협에 이르면 가장 좋지만, 이것이 통하지 않을 때 쓰는 방법이지요. 그런데 만장일치로 나랏일을 결정했던 회의 기구가 있었어요. 바로 신라의 화백이에요. 화백 회의는 누가 어디서 열었으며, 어떤 안건을 다루었고, 그 영향력은 어떻게 변해 갔는지 함께 알아보아요.

삼국 통일 전까지 신라에서는 왕권보다 귀족의 힘이 강했어요. 그래서 나랏일을 귀족의 우두머리들이 모여 의논하여 결정했어요. 신라의 귀족 회의를 '화합하다 화(和)', '우두머리 백(伯)' 이 두 글자를 합쳐 '화백'이라고 해요. 화백에 참석할 수 있는 귀족은 부모 양쪽 모두 왕족인 '성골' 또는 한쪽만 왕족인 '진골'이었어요. 화백에 참가하는 귀족을 '대등'이라고 불렀고, 회의를 이끄는 귀족은 '상대등'이라고 불렀어요. 화백은 신라의 수도인 금성 즉, 서라벌 주변의 산에서 열렸어요. 동쪽의 청송산, 서쪽의 피전, 남쪽의 우지산, 북쪽의 금강산 등 신라인들이 신성한 장소라고 여기는 산이었지요.

▲화백 회의 중인 신라의 귀족

화백에서 다루었던 안건은 아주 중요한 나랏일이었어요. 예를 들면 다음 왕은 누구로 할 것인지, 왕을 바꿔야 할지 말아야 할지, 불교를 받아들일지 말지, 다른 나라와 전쟁을 할지 말지 등이었지요. 화백의 가장 큰 특징은 안건을 결정할 때 만장일치를 원칙으로 했다는 점이에요. 즉, 회의에 참석한 대등 중 단 한 명이라도 반대 의견을 내면 억지로 결론을 내지 않고 (들어갈 내용을 추측해 보세요.) 회의를 하는 것이지요. 물론 이것이

└→ 3번 추론 능력 문제

어휘
- **안건:** 토의하거나 조사하여야 할 사실.
- **타협:** 어떤 일을 서로 양보하여 협의함.
- **화합:** 서로 정답게 어울림.
- **즉위:** 임금이 될 사람이 예식을 치른 뒤 임금의 자리에 오름.

쉽지는 않았어요. 각 귀족은 자기 부족을 대표하며 서로 다른 입장에 있었기 때문이에요. 그래서 대등들의 의견을 조정하는 상대등의 역할이 중요했지요. 또한 이렇게 어렵게 결정된 사항이기 때문에 화백 회의에서 결정된 사항은 임금도 거부하기 힘들었답니다.

그러나 화백 회의는 삼국 통일 후 그 영향력이 약해졌어요. 김춘추가 김유신의 도움을 받아 태종 무열왕으로 즉위하고, 문무왕 때 삼국 통일이 완성되자 신라는 귀족의 힘보다 왕권이 훨씬 강한 나라가 되었어요. 그러면서 임금의 명령을 집행하는 행정 기관인 집사부의 역할이 커졌지요. 그때부터 화백 회의는 집사부의 잘못을 지적하는 역할 등으로 그 영향력이 줄어들었답니다.

▲작전 회의를 하는 태종 무열왕과 김유신

1 종합력 **이 글을 요약한 문장의 빈칸을 알맞게 채우세요.**

보기 — 빈칸을 채우면 낱말 중 1개가 남아요!

귀족 만장일치 화백 화합

[ ]로 결정을 내린 신라의 [ ] 회의 기구인 [ ].

2 이해력 **[ ] 안에 들어갈 내용으로 알맞은 것에 O표 하세요.**

1. 화백에서 회의를 이끄는 귀족을 [상대등 | 대등 | 상대성]이라고 불렀어요.
2. 화백 회의는 [삼국 통일 전 | 삼국 통일 후 | 신라 초기] 그 영향력이 약해졌어요.

3 이야기를 생각하며 빈칸에 들어갈 내용을 고르세요. (   )

추론 능력

단 한 명이라도 반대 의견을 내면
억지로 결론을 내지 않고
[   ]
회의를 하는 것이지요.

① 그 한 명이 포기할 때까지
② 과반 이상이 찬성할 때까지
③ 모두 찬성하는 결론을 낼 때까지

4 (1)과 (2)에 들어갈 말을 쓰세요.

분석력

(1) [   ]

(2) [   ]

5 [   ] 안 낱말의 역할을 잘 설명한 어린이의 이름을 쓰세요. (   )

사고력

• 어떤 안건이 있을 때 민주 사회에서는 보통 다수결의 원칙으로 결정해요. 대화와 토론을 거쳐 양보와 타협에 이르면 가장 좋지만 이것이 통하지 않을 때 쓰는 방법이지요. [㉠ 그런데] 만장일치로 나랏일을 결정했던 회의 기구가 있었어요.

• 삼국 통일 전까지의 신라에서는 왕권보다 귀족의 힘이 강했어요. [㉡ 그래서] 나랏일을 귀족의 우두머리들이 모여 의논하여 결정했어요.

㉠은 앞에 나온 내용이 뒤에 나온 내용의 원인이라는 것을 보여 줘.

주희

㉡은 앞에 나온 내용이 뒤에 나온 내용의 원인이라는 것을 보여 줘.

지후

㉠은 뒤의 내용이 앞에 나온 내용의 예가 된다는 것을 보여 줘.

수아

6 내용 정리

이야기의 뼈대와 줄거리입니다. 빈칸에 들어갈 말을 골라 쓰세요.

보기
집사부 서라벌 만장일치 다수결 귀족 화백 왕권 집주인

[ ]의 소개	민주 사회에서는 안건을 보통 [ ]의 원칙으로 결정해요. 그런데 신라의 화백은 만장일치로 나랏일을 결정했던 회의 기구였어요.

↓

화백에 참석한 사람들과 화백이 열린 장소	삼국 통일 전까지의 신라에서는 왕권보다 [ ]의 힘이 강했기 때문에 귀족의 회의 기구인 화백이 나랏일을 결정했지요. 화백은 수도인 금성 즉, [ ] 주변의 신성한 장소라고 여겨지는 산에서 열렸어요.

↓

화백에서 다룬 안건과 그 영향력	화백에서 다룬 안건은 왕위, 종교, 전쟁 등과 관련된 중요한 일이었고, [ ]로 결정을 내렸기 때문 화백에서 결정된 사항은 임금도 거부하기 힘들었지요.

↓

삼국 통일 이후 줄어든 화백의 영향력	그러나 삼국 통일이 완성된 뒤 신라는 귀족의 힘보다 [ ]이 강한 나라가 되면서 화백 회의는 임금의 명령을 집행하는 [ ]의 잘못을 지적하는 역할로 그 영향력이 줄어들었어요.

7 어휘력

이 글에 나오는 복합어를 찾아 쓰세요.

☆ '나라' + '의'를 뜻하는 ㅅ + 일 = [ ][ ][ ]

☆ '영향' + '능력' 또는 '힘'의 뜻을 더하는 말 = [ ][ ][ ]

※ '연필 + 통 = 연필통'처럼 '뜻이 있는 두 낱말을 합한 낱말' 또는 '장난 + 꾸러기 = 장난꾸러기'처럼 뜻이 있는 낱말과 뜻을 더해 주는 말을 합한 낱말'을 복합어라고 해요.

교과 사회–설명문

여성은 투표권이 없었다고?

다음 글을 소리 내어 읽어 보세요.

▲올랭프 드 구주 초상화

선거를 '민주주의의 꽃'이라고 부르는데, 신분에 상관없이 모든 남성에게 투표권이 주어진 것은 17~18세기예요. 그렇지만 여성에게 투표권이 주어진 것은 그보다 한참 뒤랍니다. 당시 사회는 ( ) 여성을 독립적인 존재로 인정하지 않았기 때문이지요. 여성이 투표권을 얻기까지 많은 사람의 희생이 있었어요. 심지어 프랑스의 시민운동가 올랭프 드 구주(Olympe de Gouges)는 여성의 평등한 권리를 외치다가 단두대에서 처형까지 당했지요.

▲단두대에 오른 올랭프 드 구주

맨 처음으로 여성의 투표권을 인정한 나라는 어디일까요? 흥미롭게도 오세아니아에 있는 뉴질랜드입니다. 19세기 뉴질랜드는 이민자가 몰려들면서 정치가 빠르게 변했어요. 재산이 있는 유럽 출신 남성에게만 주어졌던 투표권은 모든 성인 남성에게로 확대되었고, 곧 뉴질랜드 여성도 남성과 동등한 투표권을 갖게 되었지요. 뉴질랜드 여성이 첫 투표권을 행사한 선거는 1893년에 실시되었어요. 당시 신문은 "여성들과 그들의 미소 짓는 얼굴은 투표장을 아주 환하게 밝혀 주었다."라며 그날을 생생하게 전했지요.

이후 여성의 투표권을 인정하는 물결은 여러 나라로 퍼졌어요. 1920년 미국 여성은 남성과 동등한 투표권을 갖게 되었어요. 영국에는 프랑스의 시민운동가 올랭프 드 구주의 영향을 받은 단체가 만들어졌어요. 그리고 1928년에 이르러 영국 여성은 남성과 똑같이 투표권을 부여받을 수 있었지요. 여성 인권 운동이 활발했던 프랑스는 오히려 미국이나 영국보다 늦은 1946년에서야 비로소 여성의 투표권을 보장했어요. 올랭프 드 구주의 처형 이후 흩어졌던 여성 단체들이 미국과 영국 여성운동의 영향을 받아 다시 활발하게 활동한 결과였답니다.

- **단두대:** 사형수의 목을 자르는 대.
- **제헌헌법:** 헌법을 제정하기 위해 구성된 우리나라의 첫 번째 국회가 1948년 7월에 제정하여 공포한 대한민국의 헌법.
- **참정권:** 국민이 국가 일에 직접적으로 또는 간접적으로 참여하는 권리.(피선거권, 국민투표권, 공무원이 될 수 있는 권리 따위가 있다.)

그렇다면 우리나라는 어떨까요? 아시아와 아프리카의 많은 나라는 제2차 세계대전 이후 독립과 함께 민주주의를 도입했는데 대한민국도 마찬가지였어요. 우리나라에서는 1948년 제헌헌법에서 남녀의 평등한 참정권을 보장했어요. 그리고 1948년 5월 10일 첫 번째 국회의원 선거에서 우리나라 여성들은 남성들과 동등하게 투표권을 행사했어요. 그 당시 여성 단체들은 "새 나라 건설에 여성도 한몫을 담당해야 한다.", "총선거는 여성을 부른다." 등의 구호를 내세웠다고 해요.

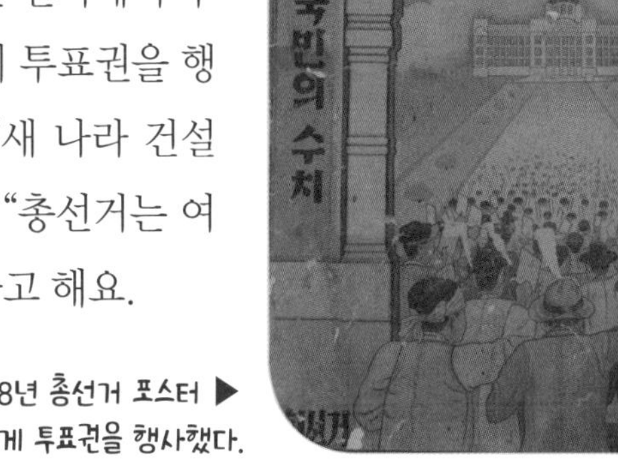

1948년 총선거 포스터 ▶
여성도 남성과 동등하게 투표권을 행사했다.

1 종합력

이 글을 요약한 문장의 빈칸을 알맞게 채우세요.

보기: 여성 역사 투표권 일기

세계 여러 나라와 대한민국의 [   ]이 [   ]을 인정받기까지의 [   ].

2 이해력

[   ] 안에 들어갈 내용으로 알맞은 것에 O표 하세요.

❶ 맨 처음으로 여성 투표권을 인정한 나라는 [프랑스 | 대한민국 | 뉴질랜드]예요.

❷ 우리나라 여성들은 1948년 5월 10일 [첫 번째 | 두 번째 | 세 번째] 국회의원 선거에서 남성과 동등하게 투표권을 행사했어요.

3 추론 능력

이야기를 생각하며 빈칸에 들어갈 내용을 고르세요. (　　　)

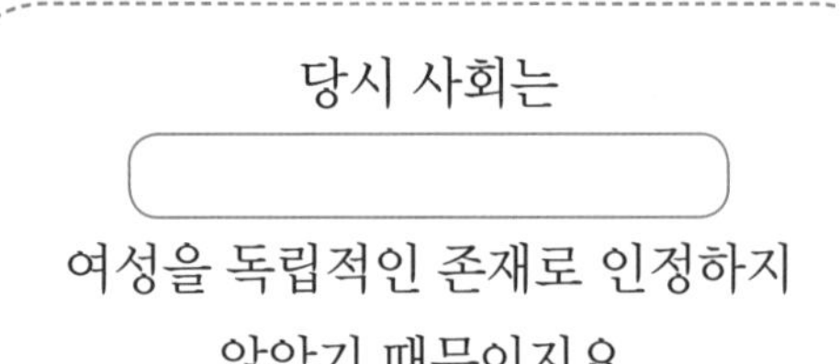

① 남성 중심의 사회였기에
② 가족 중심의 사회였기에
③ 여성 중심의 사회였기에

4 분석력

본문에 나온 나라들과 여성의 투표권이 인정된 연도를 나타낸 표입니다. 빈칸에 들어갈 말을 쓰세요.

5 사고력

글쓴이가 글을 쓰기 위해 모았던 자료입니다. 이 자료가 반영된 문장의 번호를 쓰세요. (　　　)

- 프랑스의 올랭프 드 구즈는 "여성이 단두대에 오를 권리가 있다면 의정 단상에도 오를 권리가 있다"는 유명한 말을 남기고 단두대의 이슬로 사라졌다.
- 영국의 에멀린 팽크허스트는 감옥을 들락날락하고 단식을 하며 여성 참정권을 인정하지 않는 영국 사회를 비판했다.
- 미국의 수전 앤서니는 남성만 투표권이 있었던 때 대통령 선거의 투표에 참여한 죄목으로 체포되었다.

① 여성이 투표권을 얻기까지 많은 사람의 희생이 있었어요.
② 이후 여성의 투표권을 인정하는 물결은 여러 나라로 퍼졌어요.
③ 아시아와 아프리카의 많은 나라는 제2차 세계대전 이후 독립과 함께 민주주의를 도입했는데 대한민국도 마찬가지였어요.

6 이야기의 뼈대와 줄거리입니다. 빈칸에 들어갈 말을 골라 쓰세요.

내용 정리

보기: 물결 국회의원 대통령 신분 프랑스 민주주의 투표권 정치

남성보다 한참 뒤에 투표권이 주어진 여성	[　　]에 상관없이 모든 남성에게 투표권이 주어지고 한참이 지나서야 여성에게 투표권이 주어졌어요. 여성이 [　　]을 얻기까지는 프랑스의 올랭프 드 구주 같은 여러 사람의 희생이 있었어요.

↓

맨 처음으로 여성 투표권을 인정한 나라	맨 처음으로 여성의 투표권을 인정한 나라는 뉴질랜드예요. 이민자가 몰려들어 [　　]가 빠르게 변하면서 뉴질랜드 여성은 1893년 첫 투표권을 행사했어요.

↓

세계로 퍼진 여성 투표권 인정 [　　]	이후 영국, 미국 등도 여성의 투표권을 인정했어요. 올랭프 드 구주의 처형 이후 흩어졌던 여성 단체가 미국과 영국의 영향으로 다시 활발하게 활동하면서 [　　]도 여성의 투표권을 인정하게 되었지요.

↓

대한민국 여성의 첫 투표권 행사	대한민국은 독립과 함께 [　　]를 도입했고, 제헌헌법에서 1948년 여성에게 남성과 똑같은 참정권을 보장하면서, 우리나라 여성들은 그 해 5월 첫 번째 [　　] 선거에서 투표권을 행사했어요.

7 이 글에 나오는 복합어를 찾아 쓰세요.

어휘력

☆ 목을 자름을 뜻하는 '단두' + 받침을 뜻하는 '대' = [　][　][　]

☆ 하나를 뜻하는 '한' + 부분을 뜻하는 '몫' = [　][　]

교과 사회—설명문

우리나라에서 다람쥐를 수출했었다고?

다음 글을 소리 내어 읽어 보세요.

한국 전쟁 이후 우리나라의 경제는 수출 중심으로 크게 변화하며 성장했어요. 1960년대에 기업은 주로 신발, 가발, 의류와 같은 경공업 제품을 수출하며 성장했어요. 1970년대에는 철강 및 석유 화학 재료를 개발하고 생산하며 성장했지요. 1980년대에는 자동차, 기계 부품, 텔레비전 등이 주요 수출품으로 자리 잡았어요. 1990년대에는 세계적으로 성능이 뛰어난 반도체를 수출할 수 있게 되었고, 2000년대 들어서는 신소재, 문화 콘텐츠 등이 발달하며 국제 사회에서 위상이 높아졌어요.

그런데 한때 우리나라는 다람쥐를 수출한 적도 있답니다. 1960년대 미국, 프랑스, 벨기에, 일본 등에서 애완동물로 다람쥐를 키우는 게 유행이었어요. 한국 다람쥐는 작은 몸집과 귀여운 외모 그리고 선명한 등줄기로 인기가 많았어요. 약간만 훈련을 시키면 쳇바퀴를 돌리며 재롱을 떨어 외국인들이 반할 수밖에 없었지요. 1962년 다람쥐 655마리를 일본으로 수출한 것을 시작으로 이후 약 10년간 꽤 중요한 수출품이었다고 해요.

▲한국 다람쥐

▲수출로 돈벌이가 되는 다람쥐에 대한 기사

초기에 수출된 다람쥐는 대부분 강원도에서 서식하던 다람쥐로 그야말로 '산골짜기 다람쥐'였어요. 돈벌이가 된다는 소문에 사람들은 너도나도 다람쥐 잡기에 나서면서 다람쥐 굴을 찾으러 산을 뒤지는 사람들이 많았지요. 다람쥐 굴을 찾으면 다람쥐들이 숨겨 놓은 도토리, 밤과 함께 다람쥐 새끼 수십 마리를 자루에 넣을 수 있어 '꿩 먹고 알 먹고'가 아니라 '다람쥐 잡고 곡식 뺏고'라는 말도 나왔어요.

- **경공업:** 신발, 가발, 의류처럼 부피에 비하여 무게가 가벼운 물건을 만드는 공업.
- **위상:** 다른 대상과의 관계에서 가지는 위치.
- **포획:** 짐승이나 물고기를 잡음.
- **조처:** 문제나 일을 잘 정돈하여 처리함.

심지어 어떤 수출업자는 무인도에 다람쥐 사육장을 만들어 대량으로 수출했어요. 신문에서는 다람쥐를 '달라 박스'라고 소개했고, 1970년 청와대에 제출된 수출 상품 목록에 포함되기도 했답니다.

그러나 이렇게 마구잡이로 다람쥐를 잡아 팔다 보니 문제가 생겼어요. 다람쥐 개체 수가 급격하게 감소한 것이지요. 그러다보니 (　　　　　　) 걱정이 커졌어요. 그래서 정부는 1971년 다람쥐 수출량을 한 해 10만 마리로 제한하고, 9월과 10월에만 잡을 수 있도록 하였지요. 그러나 다람쥐 10만 마리를 몰래 수출하다가 걸린 사람이 나올 정도로 돈에 눈이 먼 수출업자까지 나왔어요. 급기야 정부는 1991년 다람쥐 포획을 금지하는 조처를 취했답니다.

1 이 글을 요약한 문장의 빈칸을 알맞게 채우세요.
종합력

조처　　수출품　　다람쥐　　조사

한때 주요 [　　　]이었던 [　　　]와 마구잡이 수출로 정부가 취한 [　　　].

2 [　　] 안에 들어갈 내용으로 알맞은 것에 O표 하세요.
이해력

1. 우리나라 다람쥐가 처음으로 수출된 나라는 [미국 | 프랑스 | 일본]이지요.
2. 다람쥐 개체 수가 감소하자 정부는 1991년 다람쥐 [수입 | 포획 | 수출]을 금지했어요.

3 이야기를 생각하며 빈칸에 들어갈 내용을 고르세요. (   )

추론 능력

다람쥐 개체 수가 급격하게
감소한 것이지요. 그러다 보니
(   )
걱정이 커졌어요.

① 생태계가 파괴되겠다는
② 새끼 다람쥐가 불쌍하다는
③ 다람쥐 씨가 마르겠다는

4 첫 번째 문단을 분석하여 시대별 주요 수출품을 연결하세요.

분석력

1960년대	1970년대	1980년대	1990년대
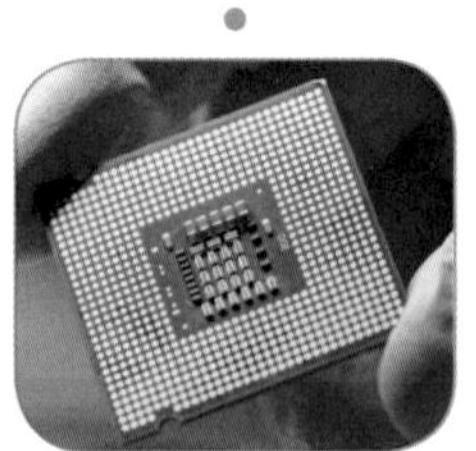			

5 세 번째 문단에서 밑줄 친 부분에 대해 제대로 설명한 어린이의 이름을 쓰세요. (   )

사고력

돈벌이가 된다는 소문에 사람들은 너도나도 다람쥐 잡기에 나서면서 다람쥐 굴을 찾으러 산을 뒤지는 사람들이 많았지요. 다람쥐 굴을 찾으면 다람쥐들이 숨겨 놓은 도토리, 밤과 함께 다람쥐 새끼 수십 마리를 자루에 넣을 수 있어 '꿩 먹고 알 먹고'가 아니라 '다람쥐 잡고 곡식 뺏고'라는 말도 나왔어요.

저 말이 나올 정도로 사람들이 다람쥐를 마구 잡았다는 뜻이야.

준서

저 말이 나올 정도로 사람들이 다람쥐를 사랑했다는 뜻이야.

지후

저 말이 나올 정도로 사람들이 곡식을 많이 모았다는 뜻이야.

수아

6 이야기의 뼈대와 줄거리입니다. 빈칸에 들어갈 말을 골라 쓰세요.

내용 정리

보기 금지 청와대 재롱 성장 정지 자동차 강원도 애완동물

우리나라의 경제 [ ]	한국 전쟁 이후 우리나라의 경제는 크게 발전했어요. 시대를 지나면서 경공업, 철강, 석유 화학 재료, [ ], 기계 부품, 텔레비전, 반도체, 신소재, 문화 콘텐츠 등 다양한 분야에서 성장했지요.
↓	
꽤 중요했던 수출품이었던 다람쥐	1960년대 외국에서 [ ]로 다람쥐를 키우는 게 유행일 때, 귀여운 외모와 [ ]으로 인기가 많았던 우리나라 다람쥐가 꽤 중요한 수출품이었다고 해요.
↓	
많은 관심을 받았던 다람쥐 수출	초기에는 [ ] 다람쥐가 수출되었어요. '다람쥐 잡고 곡식 뺏고'라는 말이 생기고, 사육장을 만들어 대량으로 수출하는 수출업자도 있었으며, [ ]에 보고 될 정도였지요.
↓	
다람쥐 개체 수 감소와 정부의 조처	다람쥐 개체 수가 급격히 줄면서 정부는 수출량이나 다람쥐 포획 시기를 제한했고, 급기야 1991년에는 다람쥐 포획을 [ ]하게 되었어요.

7 이 글에 나오는 복합어를 찾아 쓰세요.

어휘력

☆ 외국에 판다는 뜻의 '수출' + 물건 '품' = [ ][ ][ ]

☆ '돈' + 일을 하여 돈이나 재물을 번다는 뜻의 '벌이 = [ ][ ][ ]

교과 사회–설명문

알래스카가 러시아 땅이었다고?

다음 글을 소리 내어 읽어 보세요.

미국은 50개의 주로 이루어져요. 그중 알래스카는 미국 본토와 한참 떨어진 북쪽에 있어서 고개를 갸우뚱하게 하지요. 도대체 어떻게 알래스카가 미국 땅이 되었을까요? 알래스카의 역사를 통해 그 이유를 알아보아요.

알래스카의 원주민은 시베리아를 떠돌다 넘어온 사람들로 지금의 이누이트족과 알류트족이에요. '알래스카'라는 말은 '섬이 아닌 땅'을 뜻하는 알류트어인 '알라흐스하크'에서 유래했어요. 소수의 원주민만 살던 곳에 17세기 러시아의 가죽 장사꾼들이 해달의 가죽을 얻기 위해 머무르면서 러시아 영향력 아래에 놓이게 되었지요.

그러다 1867년 미국의 국무장관이던 윌리엄 수어드가 알래스카를 러시아 정부로부터 720만 달러에 구입하면서 미국 땅이 되었어요. 알래스카가 미국 면적의 약 오분의 일이나 되는 거대한 땅이라는 점을 생각해 보면 아주 싼 값에 사들인 셈이지요.

러시아는 왜 이런 헐값에 알래스카를 팔았을까요? 먼저 영국과의 관계가 좋지 않았기 때문이에요. 러시아가 알래스카를 쉽게 점령할 수 있었던 것은 원주민의 수가 적고 힘이 약했기 때문이에요. 하지만 그곳은 러시아 본토와 떨어진 바다 건너에 있는 땅이기 때문에 완벽하게 통치한다는 것은 (　　　　　　　　). 군대나 무기를 보내는 일도 꽤 골치 아팠고요. 게다가 당시에 알래스카 바로 아래의 캐나다는 영국령이었어요. 러시아는 영국이 마음만 먹으면 알래스카를 점령하고 자신들을 칠지도 모른다는 불안감을 느꼈어요. 그래서 러시아는 영국에 의해 뺏길 바에야 돈을 받고 미국에 파는 것이 낫다는 계산을 한 것이지요.

▲얼음으로 뒤덮인 알래스카

- **본토:** 국토의 중심이 되는 땅. 섬이나 멀리 떨어진 국토와 비교할 때 하는 말.
- **해달:** 북태평양 근해에 서식하는 족제비과의 바다 짐승.
- **점령:** 어떤 장소를 차지하여 자리를 잡음.
- **횡재:** 뜻밖에 재물, 예상도 못하게 돈이나 값나는 물건을 얻음.

또 다른 이유는 러시아 정부가 가진 막대한 빚 때문이에요. 러시아 정부는 여러 차례의 전쟁을 치르며 여기저기에 큰 빚을 지고 있었는데, 이자가 만만치 않았어요. 빚을 갚을 돈이 필요했던 것이지요.

그렇다면 당시 미국 국민은 알래스카를 사들이는 걸 좋아했을까요? 알래스카에 묻힌 어마어마한 금, 석탄, 석유를 생각하면 두 손 들고 환영했을 것 같아요. 그러나 당시 미국 국민은 강하게 반대했다고 해요. 정부는 알래스카에 묻힌 자원에 대한 정보를 알고 있었지만, 대다수의 국민은 몰랐기 때문이에요. 알래스카를 꼭 얻고 싶은 미국 정부가 이 비밀 정보를 퍼뜨렸을 리가 없지요. 미국 언론은 알래스카를 '수어드의 얼음 상자'라고 부르며 정부를 비아냥거렸어요. 그러나 알래스카를 사들인 이후 머지않아 미국인들은 엄청난 횡재를 했다는 것을 깨닫게 되었어요. 러시아 국민은 속 쓰린 배를 쥐어 잡을 수밖에 없었답니다.

▲윌리엄 수어드

1 종합력 **이 글을 요약한 문장의 빈칸을 알맞게 채우세요.**

국민　대통령　알래스카　러시아

[　　　]가 [　　　] 땅에서 미국 땅이 된 이유와 두 나라 [　　　]의 반응.

2 이해력 **[　　] 안에 들어갈 내용으로 알맞은 것에 O표 하세요.**

1. '알래스카'라는 말은 '[흙 | 섬 | 돌]이 아닌 땅'을 뜻하는 알류트어에서 유래했어요.
2. 알래스카를 구입할 때 미국 언론은 알래스카를 '수어드의 [얼음 | 유리 | 과자] 상자'라고 부르며 정부를 비아냥거렸어요.

3 이야기를 생각하며 빈칸에 들어갈 내용을 고르세요. (   )

추론 능력

하지만 그곳은 러시아 본토와 떨어진
바다 건너에 있는 땅이기 때문에
완벽하게 통치한다는 것은
[   ]

① 쉬운 일이 아니었어요.
② 꿈에 그리던 일이었어요.
③ 어려운 일이 아니었어요.
④ 마음만 먹으면 가능한 일이었어요.

4 먼저 일어난 일부터 순서대로 (   ) 안에 번호를 쓰세요.

분석력

(   ) 러시아의 가죽 장사꾼들이 해달의 가죽을 얻기 위해 알래스카에 머물렀어요.
(   ) 미국 정부가 러시아로부터 알래스카를 사들였어요.
(   ) 이누이트족과 알류트족이 알래스카에 살게 되었어요.
(   ) 러시아 정부가 알래스카를 점령했어요.

5 내용을 잘 이해하지 못한 어린이의 이름을 쓰세요. (   )

사고력

러시아가 영국과 사이가 좋았다면 알래스카를 팔고 싶은 마음이 덜 들었을 거야.

주희

러시아가 큰 빚이 없었다면 알래스카를 팔고 싶은 마음이 덜 들었을 거야.

준서

알래스카에 묻힌 자원에 대해 알았다면 미국 국민은 알래스카 사는 것을 반대했을 거야.

수아

6 이야기의 뼈대와 줄거리입니다. 빈칸에 들어갈 말을 골라 쓰세요.

내용 정리

보기: 캐나다 빚 횡재 수어드 역사 횡성 원주민 본토

알래스카의 위치와 글감의 소개	미국은 50개의 주로 이루어졌는데 [ ] 와 한참 떨어진 북쪽에 있는 알래스카가 어떻게 미국 땅이 되었는지 알래스카의 역사를 통해 그 이유를 알아봐요.
알래스카의 [ ]	소수의 [ ] 만 살던 알래스카는 러시아 영향력 아래에 놓였다가 1867년 미국의 국무장관이던 윌리엄 [ ] 가 720만 달러라는 헐값에 구입하면서 미국 땅이 되었어요.
러시아가 알래스카를 판 이유	러시아가 알래스카를 판 이유는 바로 아래 땅인 [ ] 가 영국령인지라 영국이 자신들을 칠지도 모른다는 부담감 때문이에요. 전쟁을 치르며 진 큰 [ ] 때문에 돈이 급했기 때문이기도 하지요.
두 나라 국민의 반응	미국 국민은 처음에 반대했지만 머지않아 알래스카에 묻힌 막대한 자원에 대해 알게 되면서 [ ] 한 것을 깨달았고, 러시아 국민은 속 쓰린 배를 쥐어 잡을 수밖에 없었지요.

7 이 글에 나오는 복합어를 찾아 쓰세요.

어휘력

☆ 마음이 조마조마함을 뜻하는 '불안' + 느낌을 뜻하는 '감' = [ ][ ][ ]

☆ '미국' + '사람' = [ ][ ][ ]

교과 사회—대화문

바빠 독해 23 털끈펭귄 7만 쌍이 사라졌다고?

다음 글을 소리 내어 읽어 보세요.

박찌꼬리 앵커

얼마 전 비정부 기구인 그린피스가 턱끈펭귄 7만 쌍이 사라졌다는 충격적인 보고서를 냈습니다. 김꼼꼼 기자의 보도입니다.

김꼼꼼 기자

조사에 참여하신 전걱정 박사님을 모시고 어찌 된 일인지 들어보도록 하겠습니다. 안녕하세요.

▲턱끈펭귄의 얼굴

전걱정 박사

안녕하지 못합니다. 조사 결과가 나빠 탈모가 생길 정도예요.

김꼼꼼 기자

저도 소식을 듣고 마음이 매우 아픈데 오죽하셨겠습니까? 박사님, 먼저 턱끈펭귄에 대한 설명을 부탁드립니다.

▲턱끈펭귄 무리

전걱정 박사

턱끈펭귄은 황제펭귄, 아델리펭귄과 함께 남극을 대표하는 동물인데요. 턱을 가로지르는 검은색 얇은 띠무늬가 있어서 턱끈펭귄이라는 이름이 붙었습니다.

김꼼꼼 기자

네, 그렇군요. 조사는 어느 곳에서 이루어졌나요?

▲코끼리섬

전걱정 박사

남극에 있는 턱끈펭귄의 주요 서식지인 코끼리섬입니다.

김꼼꼼 기자

턱끈펭귄 7만 쌍이 줄어들었다는 게 사실인가요?

전걱정 박사

네, 코끼리섬에서만 그렇게 많이 줄었어요. 1971년 조사에서 번식 가능한 성체 펭귄의 개체 수가 12만 쌍이 넘었는데, 이번 조사에서는 5만 쌍을 겨우 넘었어요. 조사 지역을 확대하면 줄어든 턱끈펭귄 수는 훨씬 많아질 것 같아 걱정입니다.

김꼼꼼 기자

턱끈펭귄 개체 수가 감소한 원인이 무엇이라고 보시나요?

어휘
- **탈모:** 털이 빠짐. 머리카락이 빠지는 증상.
- **성체:** 다 자라서 새끼를 낳을 수 있는 정도가 된 몸.
- **지정하다:** 어떤 곳에 특정한 자격을 주고 관리하다.

전걱정 박사

여러 요인이 있겠지만, 기후 변화가 근본적인 원인으로 보입니다. 기온 상승으로 남극 대륙의 빙하가 녹으면서 펭귄의 먹이인 크릴새우 서식지가 파괴되었어요. 그러면서 턱끈펭귄의 먹이가 부족해진 것이지요.

김꼼꼼 기자

그렇다면 앞으로 어떤 노력이 필요할까요?

전걱정 박사

지구온난화를 늦추는 것이 근본적인 해결책이지만, 이것은 시간이 오래 걸리는 일입니다. 그래서 지금 당장 할 수 있는 일은 펭귄을 위한 '보호 구역'을 지정하는 것입니다. 그곳에서 펭귄들이 (   ) 돕는 일이 우선입니다.

김꼼꼼 기자

네, 그렇군요. 말씀 감사합니다. 그린피스는 광화문 앞에 얼음 펭귄을 전시하며 '사라지는 펭귄들'이라는 제목의 행사를 진행했습니다. 기후 위기로부터 생물 다양성을 지키기 위해 해양 보호 구역의 지정이 필요하다는 메시지를 전달하기 위한 것이라고 합니다. 지금까지 김꼼꼼 기자였습니다.

▲얼음 펭귄

박꼬꼬리 앵커

그린피스 행사에 많은 국민의 관심을 부탁드립니다. 김꼼꼼 기자도 수고 많으셨습니다.

1 종합력

이 글을 요약한 문장의 빈칸을 알맞게 채우세요.

보기: 턱끈펭귄 해결책 치료법 원인

[   ] 7만 쌍이 사라진 [   ]과 [   ]에 대한 보도.

2 이해력

[   ] 안에 들어갈 내용으로 알맞은 것에 O표 하세요.

1. 턱끈펭귄은 황제펭귄, 아델리펭귄과 함께 [북극 | 남극 | 태평양]을 대표하는 동물이에요.
2. 턱끈펭귄에 대한 조사 연구가 이루어진 곳은 [코브라 | 코뿔소 | 코끼리] 섬이에요.

3 이야기를 생각하며 빈칸에 들어갈 내용을 고르세요. (　　　)

추론 능력

그곳에서 펭귄들이
(　　　　　　　　)
돕는 일이 우선입니다.

① 기후 변화에 적응하도록
② 크릴새우를 아껴 먹도록
③ 새끼를 적게 낳도록
④ 다른 지역으로 옮겨 가도록

4 빈칸에 들어갈 내용을 바르게 말한 친구의 번호를 쓰세요. (　　　)

분석력

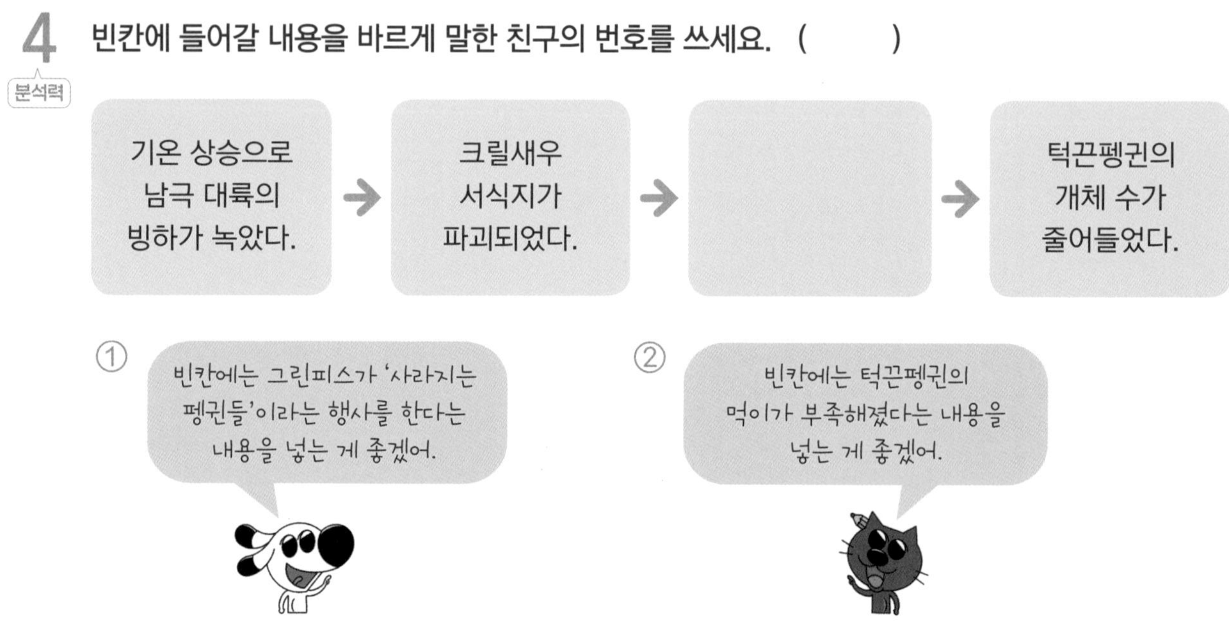

5 아래 질문 중 이 글에서 답을 찾을 수 있는 내용이 아닌 것을 고르세요. (　　　)

사고력

① 턱끈펭귄 개체 수가 감소한 이유는 무엇일까?
② 그린피스가 '사라지는 펭귄들'이라는 제목의 행사를 진행한 이유는 무엇일까?
③ 지구온난화를 늦추는 방법으로 무엇이 있을까?

6 내용 정리 **이야기의 뼈대와 줄거리입니다. 빈칸에 들어갈 말을 골라 쓰세요.**

보기 빙하 사라지는 그린피스 보호 7만 성체 기후 크릴새우

턱끈펭귄에 대한 소식과 턱끈펭귄의 특징	박꾀꼬리 앵커는 턱끈펭귄 ☐ 쌍이 사라진 소식을 전하며 기자를 불렀고, 기자는 조사에 참여한 박사를 만났어요. 박사는 먼저 턱끈펭귄이라는 이름이 붙은 이유를 설명해 주었어요.

↓

조사 지역과 조사 결과	전걱정 박사는 코끼리섬의 턱끈펭귄 ☐의 개체 수 조사에 대한 1971년 조사와 이번 조사의 차이를 설명하며 조사 지역을 확대하면 줄어든 턱끈펭귄 수는 더 많을 거라고 걱정했어요.

↓

턱끈펭귄이 줄어든 이유와 해결책	박사는 기후 변화로 남극 ☐가 녹아 ☐ 서식지가 파괴되어 먹이가 부족해진 것이 원인이라면서 '☐ 구역'을 지정하여 펭귄을 도와야 한다고 했어요.

↓

☐의 행사와 보도의 마무리	김꼼꼼 기자는 그린피스가 '☐ 펭귄들'이라는 제목의 행사를 진행했다는 말을 덧붙였고, 앵커는 많은 국민의 관심을 부탁하며 마무리했어요.

7 어휘력 **이 글에 나오는 복합어를 찾아 쓰세요.**

☆ '박사' + 그 사람을 높여 이르는 말인 '님' = ☐☐☐

☆ 너비가 좁고 기다랗게 생긴 것을 뜻하는 '띠' + '무늬' = ☐☐☐

교과 사회—신문 기사

바빠 독해 24 놀이공원에 촉각 지도가 나왔다고?

바쁜 초등학생을 위한 빠른 신문 [바빠 신문]

놀이공원 촉각 지도가 나오다!

[바빠 신문] 입력: 20△△년 △월 △일
최엉뚱 기자(funnychoi@bappanew.com)

서울시가 시각장애인을 위해 '서울어린이대공원 촉각 지도'를 제작했다. 일반 지도에 손가락으로 더듬어 읽는 점자와 기호를 적용한 점자 지도이다. 점자는 시각장애인용 문자로 종이 위에 오돌토돌 도드라진 점들을 약속대로 짜 모아 만든다. 이번 촉각 지도는 시각장애인들이 놀이공원을 더 자유롭게 즐길 수 있도록 하자는 취지에서 만들었다.

한 시민이 장애인도 도움을 받지 않고 놀이공원을 즐길 수 있도록 해 달라며 서울시에 점자 지도 제작을 제안했고, 그 제안은 현실이 되었다. 서울시는 전문가와의 공동 작업으로 서울어린이대공원 촉각 지도를 완성했다. 또한 점자 읽기에 아직 익숙하지 않은 더 어린 아이들을 위해 각 장소를 음성으로 안내하는 기능도 추가했다. 촉각 지도는 서울어린이대공원 입구에서 받을 수 있다. 서울시는 이 지도를 시각장애인이 많이 이용하는 시각장애인복지관, 점자도서관, 맹학교, 시각장애인학습지원센터 등에 배포한다고 밝혔다.

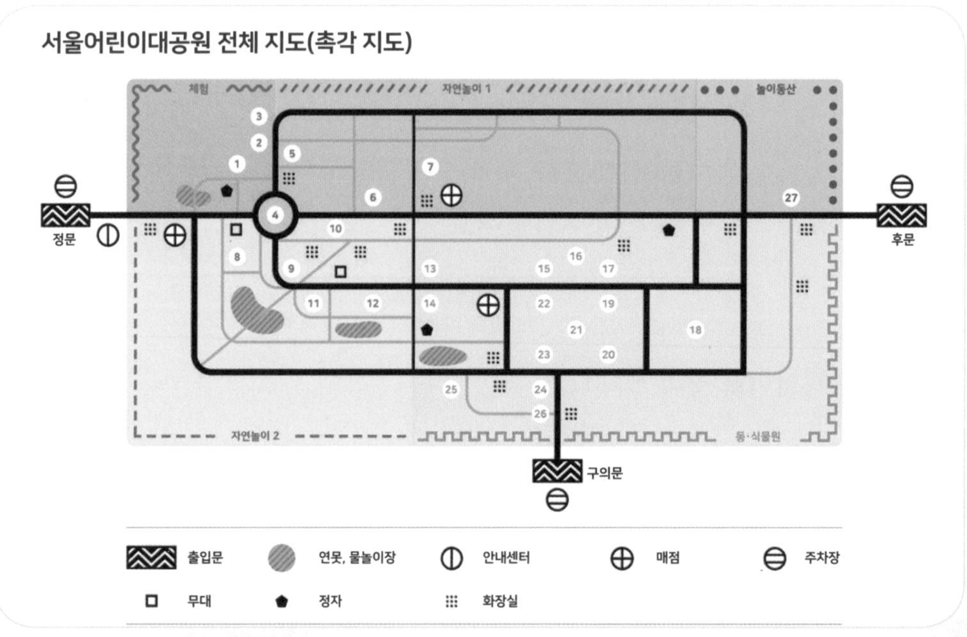

서울어린이대공원 전체 지도(촉각 지도)

어휘

- **취지:** 어떤 일의 근본이 되는 목적과 뜻.
- **맹학교:** 시각장애인을 대상으로 교육을 실시하는 특수 교육 기관.
- **배포:** 신문이나 책자 따위를 널리 나누어 줌.
- **희색:** 기뻐하는 얼굴빛.

"환상의 나라로! 회전목마를 탄 뒤, 구불구불 미끄럼틀에서 놀고 그다음에는 무럭무럭 식물원에 가고 싶어요!" 손으로 지도를 읽던 박영롱 어린이(11세)는 가고 싶은 곳의 순서를 미리 정해 보며 함박웃음을 지었다. 영롱이는 저시력 장애를 가지고 있다.

"아이가 촉각 지도 덕분에 어디에 무엇이 있는지 적극적으로 알아보려고 해요."라며 영롱이의 어머니 이수영 씨는 희색을 띠었다. 영롱이의 누나인 박초롱(15세) 양은 "놀이공원뿐만 아니라 다양한 공공시설에도 촉각 지도가 확대되면, 시각장애인들이 지금보다 더 외출을 즐거워할 거예요."라고 덧붙였다.

소식을 들은 시민들의 반응도 긍정적이다. "제가 낸 세금이 제대로 쓰이는 것 같아 기쁩니다."라고 서울대공원을 방문한 나힘찬 씨(45세)가 미소를 지었다. "시각장애 친구들도 저와 똑같이 놀이공원을 마음껏 즐기면 좋겠어요."라며 김사랑 어린이(12세)도 바람을 말했다. 서울시는 앞으로 (   ) 더 많은 촉각 지도를 제작하겠다는 계획을 밝혔다.

1 종합력

이 글을 요약한 문장의 빈칸을 알맞게 채우세요.

보기: 시각　반성　제작　반응

서울어린이대공원 촉각 지도의 [   ]과 [   ]장애인, 가족들, 시민들의 [   ].

2 이해력

[   ] 안에 들어갈 내용으로 알맞은 것에 O표 하세요.

1. 서울어린이대공원 촉각 지도는 일반 지도에 손가락으로 더듬어 읽는 점자와 기호를 적용한 (한자 | 점자 | 숫자) 지도이다.
2. 서울어린이대공원 촉각 지도에는 점자 읽기에 아직 익숙하지 않은 더 어린 아이들을 위해 각 장소를 (냄새 | 음악 | 음성)으로 안내하는 기능도 추가했다.

3 추론 능력 이야기를 생각하며 빈칸에 들어갈 내용을 고르세요. (   )

> 서울시는 앞으로
> (   )
> 더 많은 촉각 지도를 제작하겠다는 계획을 밝혔다.

① 장애인들이 마음 편히 시설을 즐기도록

② 장애인들의 더 많은 실내 활동이 가능하도록

③ 장애인들이 저렴하게 지도를 구입하도록

4 분석력 박영롱 어린이가 가고 싶어 하는 놀이 시설의 순서대로 번호를 쓰세요.

무럭무럭 식물원	환상의 나라로! 회전목마	구불구불 미끄럼틀
		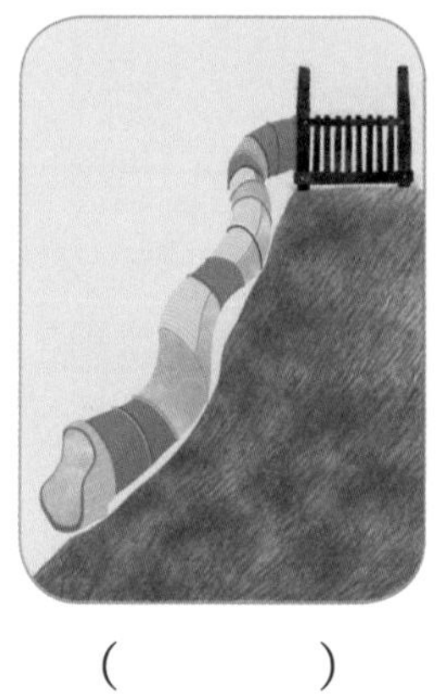
( )	( )	( )

5 사고력 두 번째 문단을 세 부분으로 나눈 것입니다. 제대로 말한 어린이의 이름을 쓰세요. (   )

> ㉠ 한 시민이 장애인도 도움을 받지 않고 놀이공원을 즐길 수 있도록 해 달라며 서울시에 점자 지도 제작을 제안했고, 그 제안은 현실이 되었다. 서울시는 전문가와의 공동 작업으로 서울어린이대공원 촉각 지도를 완성했다. ㉡ 또한 점자 읽기에 아직 익숙하지 않은 더 어린 아이들을 위해 각 장소를 음성으로 안내하는 기능도 추가했다. ㉢ 촉각 지도는 서울어린이대공원 입구에서 받을 수 있다. 서울시는 이 지도를 시각장애인이 많이 이용하는 시각장애인복지관, 점자 도서관, 맹학교, 시각장애인학습지원센터 등에 배포한다고 밝혔다.

㉠은 촉각 지도가 어떻게 배포되었는지를 설명하는 부분이야.

준서

㉡은 촉각 지도를 누가 만들었는지를 설명하는 부분이야.

수아

㉢은 촉각 지도를 얻을 수 있는 곳을 설명하는 부분이야.

지후

6 이야기의 뼈대와 줄거리입니다. 빈칸에 들어갈 말을 골라 쓰세요.

내용 정리

보기: 배포 저시력 외출 입구 촉각 놀이공원 긍정적 부정적

촉각 지도 제작 소식	서울시가 시각장애인들이 [ ]을 더 자유롭게 즐길 수 있도록 '서울어린이대공원 [ ] 지도'를 제작했다.
지도의 특징과 [ ] 장소	한 시민의 제안으로 제작된 지도에는 음성 안내 기능도 추가되어 있는데, 서울어린이대공원 [ ]에서 받을 수 있다. 서울시는 이 지도를 장애인을 위한 여러 시설에 배포한다고 밝혔다.
지도에 대한 장애 어린이와 가족의 반응	한 [ ] 장애 어린이는 가고 싶은 곳의 순서를 정해 보며 함박웃음을 지었다. 가족들은 아이가 적극적으로 변했다며 촉각 지도가 확대되면 시각장애인들이 지금보다 [ ]을 즐거워할 거라고 했다.
시민의 반응과 서울시의 계획	소식을 들은 시민들은 [ ]인 반응을 보였고, 서울시는 앞으로 더 많은 촉각 지도를 만들겠다는 계획을 밝혔다.

7 이 글에 나오는 복합어를 찾아 쓰세요.

어휘력

☆ '놀이' + '공원' = [ ][ ][ ][ ]

☆ 벌어진 입이 매우 크다는 뜻의 '함박' + '웃음' = [ ][ ][ ][ ]

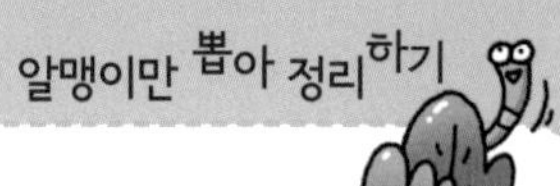

1 어울리는 내용끼리 알맞게 연결하세요.

신라의 화백 회의는	1991년 정부가 다람쥐 포획을 금지하는 조처를 취했어요.
맨 처음으로 여성의 투표권을 인정한 나라는	턱끈펭귄 7만 쌍이 사라졌어요.
한때 중요한 수출품이었던 다람쥐는 마구잡이가 문제가 되어	안건을 결정할 때 만장일치를 원칙으로 하였어요.
본토와 한참 떨어진 알래스카는	오세아니아에 있는 뉴질랜드예요.
기후 변화로 남극을 대표하는 동물인	서울어린이대공원 촉각 지도를 제작했어요.
서울시는 일반 지도에 점자와 기호를 적용한	미국이 러시아로부터 사들인 땅이에요.

2 <보기>의 말을 낱말 판에서 찾아 묶어 보세요.

보기: 화합 참정권 포획 횡재 성체 취지

쌓	퍼	않	곧	얄	휑	훈	퍼
취	튜	츄	롱	참	정	권	튜
지	웠	성	센	맞	히	쳤	맞
류	괜	체	뿐	웠	횡	재	혔
됴	못	웨	째	규	슈	럭	밝
풀	포	획	옳	얹	겠	화	합

바쁜 초등학생을 위한 빠른 독해 정답

6단계
초등 5~6학년

① 정답을 확인한 후 틀린 문제는 ☆표를 쳐 놓으세요.
② 그리고 그 문제들만 다시 풀어 보는 습관을 들이면 최고!

내가 틀린 문제를 확인하는 습관을 들이면
아무리 바쁘더라도 공부 실력을 키울 수 있어요!

01 13~15쪽

1 알, 쌓아, 위태로운

2 ❶ 제나라 ❷ 왕계

3 ②

4 ②

5 하늘이 무너져도 솟아날 구멍이 있다

6 위나라, 수가 ➡ 모함, 고문
➡ 말솜씨, 안목 ➡ 재능

7 ①

02 17~19쪽

1 토끼, 사냥개, 버린다

2 ❶ 불같은 ❷ 충성심

3 ③

4 ①

5 달면 삼키고 쓰면 뱉는다

6 월나라 ➡ 도피, 목적, 제나라
➡ 문종 ➡ 구천, 반역

7 ②

03 21~23쪽

1 표시, 융통성, 미련한

2 ❶ 아버지 ❷ 뱃멀미

3 ②

4 ②

5 하나는 알고 둘은 모른다

6 날씨, 뱃사공 ➡ 칼, 가보
➡ 젊은이, 실수 ➡ 상황

7 ①

04 25~27쪽

1 시작, 끝, 초라하다

2 ❶ 짚신 ❷ 에잇

3 ③

4 ②

5 손바닥으로 하늘 가리기

6 깊은 ➡ 외마디, 위대한
➡ 의심, 가르침 ➡ 머리, 꼬리

7 ①

05 29~31쪽

1 노인, 불행, 앞날

2 ❶ 말 ❷ 전쟁터

3 ①

4 ②

5 화가 복이 된다

6 변방, 복 ➡ 데려옴, 불행
➡ 아들, 절름발이 ➡ 오랑캐

7 ①

06 33~35쪽

1 공부, 어려움, 부지런히

2 ❶ 반딧불이 ❷ 달빛

3 ①

4 ③

5 하늘은 스스로 돕는 자를 돕는다

6 형편, 기름 ➡ 천, 과거
➡ 손강, 등잔불 ➡ 추위

7 ②

첫째 마당 복습 36쪽

1 뜻풀이에 알맞은 고사성어를 완성하세요.

뜻풀이	고사성어
여러 개의 알을 쌓아 놓은 것처럼 위태로운 형편이다.	누 란 지 위
필요할 때는 가까이 두다가 필요 없으면 야박하게 버린다.	토 사 구 팽
융통성 없이 상황에 맞지 않게 미련한 행동을 한다.	각 주 구 검
시작은 거대하고 위대했지만 끝이 보잘 것 없이 초라하다.	용 두 사 미
복이 불행을 부르기도 하고, 불행이 복을 부르기도 하는 것처럼 앞날은 알 수 없다.	새 옹 지 마
어려움을 딛고 부지런하고 꾸준하게 공부를 한다.	형 설 지 공

2 <보기>의 말을 낱말 판에서 찾아 묶어 보세요.

보기: 미련하다 야박하다 가보 의심쩍다 쑥대밭 전념

었	뤼	괜	않	전	념	히	의
쑥	대	밭	녀	슈	웬	네	심
자	많	미	련	하	다	없	쩍
왔	끌	뜬	답	덮	활	때	다
려	맞	않	현	훈	가	채	뿜
야	박	하	다	쓸	보	쿠	랐

07 39~41쪽

1 보름달, 월식, 붉은

2 ❶ 반사 ❷ 개기 월식

3 ③

4 ①

5 주희

6 초승달 ➡ 환한 ➡ 월식, 일직선, 어두운
➡ 본그림자, 붉은빛

7 ②

08 43~45쪽

1 공기, 에어로젤, 활용

2 ❶ 고체 ❷ 가벼워요

3 ②

4 ③

5 ㉠

6 발명가, 공기, 키슬러 ➡ 연기
➡ 단열재, 방화복 ➡ 제품

7 ①

다섯 고개 놀이

호 박사

나는 누구일까요? 첫째 마당에 나온 낱말이에요.

1. 제 몸에는 구멍이 송송 나 있어요.

2. 제 이름을 딴 벌레도 있지요.

3. 그렇지만 저는 벌레가 아니라 신발이랍니다.

4. 지금은 거의 사용되지 않지만요.

5. 옛날에는 집집마다 저를 만들어 신었지요.

ㅈ	ㅅ

정답 짚신

47~49쪽

1 큰, 야자, 정부

2 ❶ 인도양 ❷ 관광

3 ①

4 ①, ④

5 ③

6 궁금증, 크다 ➡ 원산지, 바다
➡ 얼굴, 관광 ➡ 허가

7 ①

51~53쪽

1 모양, 통과, 쓰이는

2 ❶ 가운데는 ❷ 볼록 렌즈

3 ③

4 얇고, 두껍다, 두껍고, 얇다

5 지후

6 모양, 오목 ➡ 똑바로, 거꾸로
➡ 레이저, 퍼지며 ➡ 현미경

7 ①

55~57쪽

1 힘, 원리, 무사한

2 ❶ 잉어 ❷ 꼬리

3 ③

4 ②

5 ③

6 전기뱀장어, 뺨 ➡ 아마존, 악어
➡ 위기, 전기 ➡ 내장

7 ②

59~61쪽

1 불꽃놀이, 연출, 구경

2 ❶ 불꽃 반응 ❷ 국화꽃

3 ②

4 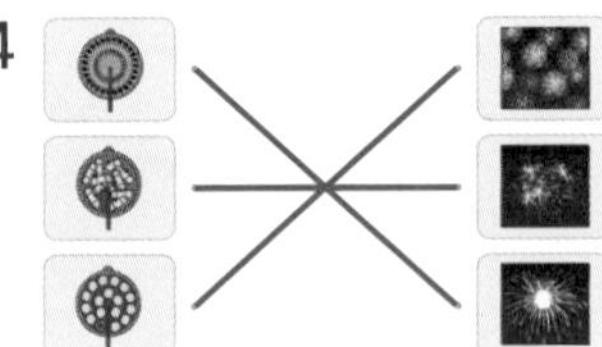

5 ㉣

6 노랑, 과학적 ➡ 연화, 연소
➡ 원, 번개 ➡ 금속

7 ②

다섯 고개 놀이

호 박사

나는 누구일까요? 둘째 마당에 나온 낱말이에요.

1. 제 이름은 아주 유명한 숲에 붙어 있어요.
2. 아주 긴 강에도 붙어 있고요.
3. 그렇지만 여러분 중에서 저를 직접 본 사람은 거의 없을 거예요.
4. 왜냐하면 제가 남아메리카에 있거든요.
5. 저의 별명은 '지구의 허파'입니다.

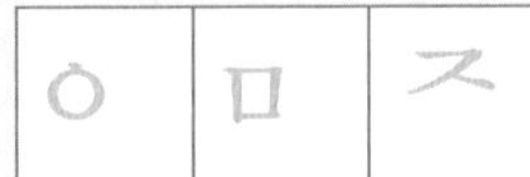

정답 아마존

1 어울리는 내용끼리 알맞게 연결하세요.

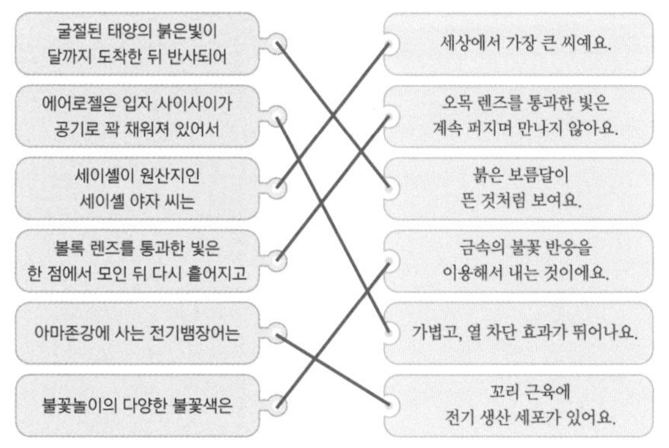

2 <보기>의 말을 낱말 판에서 찾아 묶어 보세요.

보기 단열재 원산지 등록 천하무적 연출 연소

히	천	휘	류	뤼	뷔	계	석
네	하	제	됴	규	슈	쟁	단
히	무	옳	원	산	지	맞	열
채	적	않	천	확	훈	퍼	재
쿠	튜	츄	등	꽃	쓸	튜	쭉
연	출	뭇	록	졌	뷰	연	소

1 전후, 기자, 자유로워져야

2 ❶ 테니스 ❷ 언론

3 ②

4 ①

5

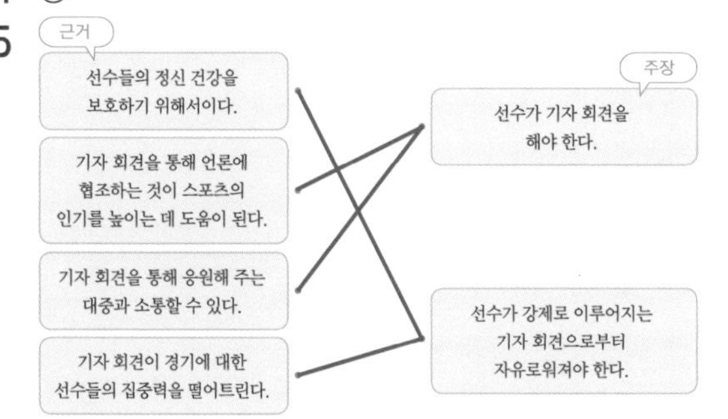

6 회견, 의무화 ➡ 거부, 테니스 ➡ 인기 ➡ 정신, 집중력

7 ①

69~71쪽

1 대륙, 나라, 속담

2 ❶ 에티오피아 ❷ 송아지

3 ①

4 지후

5

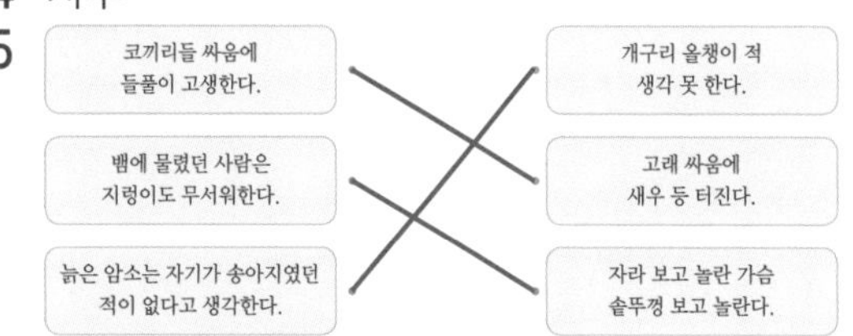

6 비유적 ➡ 아프리카, 지렁이
➡ 새우, 독수리 ➡ 까마귀, 백조

7 ③

73~75쪽

1 세계 일주, 김찬삼, 감동

2 ❶ 우정 ❷ 가봉

3 ②

4 두, 세, 독일, 신문사

5 수아

6 동기, 여행가 ➡ 지리, 알래스카
➡ 오토바이, 자동차 ➡ 슈바이처

7 ②

77~79쪽

1 학교, 별명, 반대

2 ❶ 전학을 ❷ 일본

3 ③

4 ②

5 준서

6 시작, 친근감 ➡ 외모, 상처
➡ 괴롭힘 ➡ 즐거운, 경청

7 ③

17 81~83쪽

1 서식지, 코끼리, 귀향

2 ❶ 북 ❷ 먹이를

3 ②

4 ②

5 지후

6 귀향, 서식지 ➡ 시쌍반나, 주민
➡ 전문가, 대피 ➡ 여행

7 ②

18 85~87쪽

1 누리호, 영상, 궤도

2 ❶ 3단형 ❷ 2단 로켓

3 ③

4 이륙, 분리, 위성

5 수아

6 항공우주 ➡ 영상, 발사, 관측
➡ 궤도 ➡ 엔진, 연소

7 ③

셋째 마당 복습 88쪽

1 어울리는 내용끼리 알맞게 연결하세요.

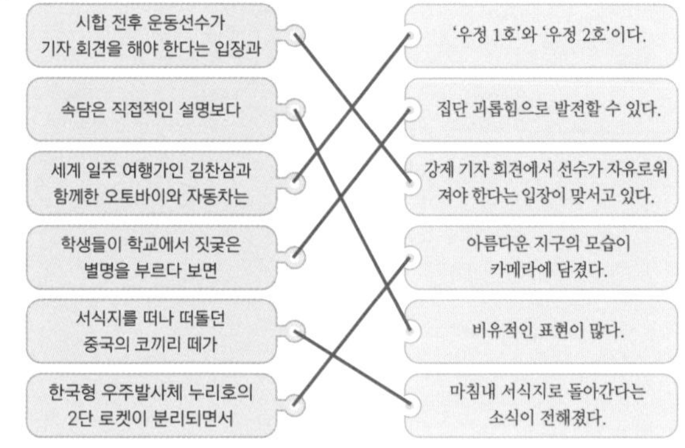

2 <보기>의 말을 낱말 판에서 찾아 묶어 보세요.

보기: 각오 교만 유서 친근감 귀향 안착

류	계	히	획	탑	덮	각	오
었	안	앵	퍼	않	던	끓	퍼
했	착	쿠	튜	츄	유	컬	교
됴	있	히	빼	례	서	뷔	만
귀	향	네	련	넣	째	슈	셨
꼼	싶	많	친	근	감	뷰	떻

다섯 고개 놀이

나는 누구일까요? 셋째 마당에 나온 낱말이에요.

1. 제 깃털은 윤기가 자르르 흐릅니다.
2. 그런데 사람들은 제 울음소리를 싫어해요.
3. 제가 울면 나쁜 일이 생긴다나요?
4. 저랑 별반 다를 바 없는 까치 녀석만 좋아해 주니 억울해요.
5. 잘 까먹는 사람한테 제 고기를 먹었냐고 하지요.

ㄲ	ㅁ	ㄱ

정답 까마귀

91~93쪽

1 만장일치, 귀족, 화백

2 ① 상대등 ② 삼국 통일 후

3 ③

4 (1) 성골 (2) 진골

5 지후

6 화백, 다수결 ➡ 귀족, 서라벌 ➡ 만장일치 ➡ 왕권, 집사부

7 나랏일, 영향력

95~97쪽

1 여성, 투표권, 역사

2 ① 뉴질랜드 ② 첫 번째

3 ①

4 미국, 프랑스

5 ①

6 신분, 투표권 ➡ 정치 ➡ 물결, 프랑스 ➡ 민주주의, 국회의원

7 단두대, 한몫

99~101쪽

1 수출품, 다람쥐, 조처

2 ① 일본 ② 포획

3 ③

4

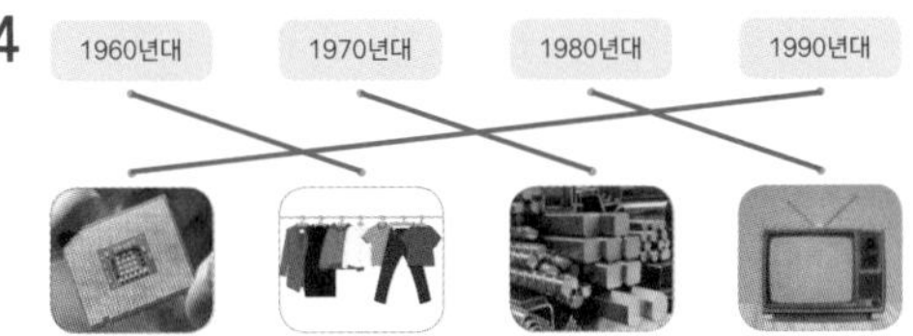

5 준서

6 성장, 자동차 ➡ 애완동물, 재롱 ➡ 강원도, 청와대 ➡ 금지

7 수출품, 돈벌이

103~105쪽

1 알래스카, 러시아, 국민

2 ① 섬 ② 얼음

3 ①

4 2—4—1—3

5 수아

6 본토 ➡ 역사, 원주민, 수어드 ➡ 캐나다, 빚 ➡ 횡재

7 불안감, 미국인

107~109쪽

1 턱끈펭귄, 원인, 해결책

2 ① 남극 ② 코끼리

3 ①

4 ②

5 ③

6 7만 ➡ 성체 ➡ 빙하, 크릴새우, 보호 ➡ 그린피스, 사라지는

7 박사님, 띠무늬

111~113쪽

1 제작, 시각, 반응

2 ① 점자 ② 음성

3 ①

4 3—1—2

5 지후

6 놀이공원, 촉각 ➡ 배포, 입구 ➡ 저시력, 외출 ➡ 긍정적

7 놀이공원, 함박웃음

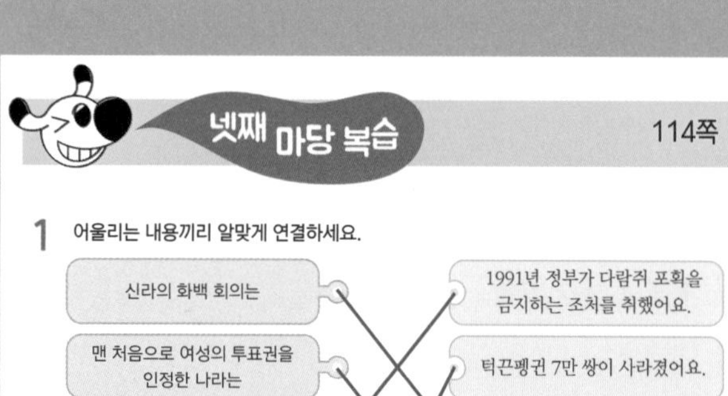

넷째 마당 복습

114쪽

1 어울리는 내용끼리 알맞게 연결하세요.

신라의 화백 회의는	1991년 정부가 다람쥐 포획을 금지하는 조처를 취했어요.
맨 처음으로 여성의 투표권을 인정한 나라는	턱끈펭귄 7만 쌍이 사라졌어요.
한때 중요한 수출품이었던 다람쥐는 마구잡이가 문제가 되어	안건을 결정할 때 만장일치를 원칙으로 하였어요.
본토와 한참 떨어진 알래스카는	오세아니아에 있는 뉴질랜드예요.
기후 변화로 남극을 대표하는 동물인	서울어린이대공원 촉각 지도를 제작했어요.
서울시는 일반 지도에 점자와 기호를 적용한	미국이 러시아로부터 사들인 땅이에요.

2 <보기>의 말을 낱말 판에서 찾아 묶어 보세요.

보기: 화합 참정권 포획 횡재 성체 취지

쌓	퍼	않	곧	얄	휑	훈	퍼
취	튜	츄	룽	참	정	권	튜
지	웠	성	센	맞	히	쳤	맞
류	괜	체	뿐	웠	횡	재	혔
됴	못	웨	째	규	슈	럭	밝
풀	포	획	옳	얹	겠	화	합

나는 누구일까요? 넷째 마당에 나온 낱말이에요.

1. 저는 겨울잠을 잡니다.
2. 나무타기 선수고요.
3. 저축도 잘하지요.
4. 등에 줄무늬가 있는 멋장이랍니다.
5. 어휴, 말도 마세요. 족제비라면 진절머리가 나요.

ㄷ	ㄹ	ㅈ

정답 다람쥐

틀린 내용만 모아 정리하세요.

[사진 제공 출처]

- 18과 누리호 발사 과정(84쪽): 한국항공우주연구원
- 18과 발사대를 떠나는 누리호(85쪽): 한국항공우주연구원
- 20과 1948년 총선거 포스터(95쪽): 국립민속박물관
- 23과 얼음 펭귄(107쪽): 그린피스
- 24과 서울어린이대공원 전체 지도(110쪽): 서울어린이대공원
- 24과 식물원, 회전목마, 미끄럼틀(112쪽): 서울어린이대공원

읽는 재미를 높인 초등 문해력 향상 프로그램

바빠 독해 (전 6권)

바빠

1-2 단계 — 1~2 학년

3-4 단계 — 3~4 학년

5-6 단계 — 5~6 학년

비문학 지문도 재미있게 읽을 수 있어요!

바빠 독해 1~6단계

각 권 9,800원

- **초등학생이 직접 고른 재미있는 이야기들!**
  - 연구소의 어린이가 읽고 싶어 한 흥미로운 이야기만 골라 담았어요.
  - 1단계 | 이솝우화, 과학 상식, 전래동화, 사회 상식
  - 2단계 | 이솝우화, 과학 상식, 전래동화, 사회 상식
  - 3단계 | 탈무드, 교과 과학, 생활문, 교과 사회
  - 4단계 | 속담 동화, 교과 과학, 생활문, 교과 사회
  - 5단계 | 고사성어, 교과 과학, 생활문, 교과 사회
  - 6단계 | 고사성어, 교과 과학, 생활문, 교과 사회
- **읽다 보면 나도 모르게 교과 지식이 쑥쑥!**
  - 다채로운 주제를 읽다 보면 초등 교과 지식이 쌓이도록 설계!
  - 초등 교과서(국어, 사회, 과학)와 100% 밀착 연계돼 학교 공부에도 직접 도움이 돼요.
- **분당 영재사랑 연구소 지도 비법 대공개!**
  - 종합력, 이해력, 추론 능력, 분석력, 사고력, 문법까지 한 번에 OK!
  - 초등학생 눈높이에 맞춘 수능형 문항을 담았어요!
- **초등학교 방과 후 교재로 인기!**
  - 아이들의 눈을 번쩍 뜨게 할 만한 호기심 넘치는 재미있고 유익한 교재!

  (남상 초등학교 방과 후 교사, 동화작가 강민숙 선생님 추천)

16년간 어린이들을 밀착 지도한 호사라 박사의 독해력 처방전!

영재 교육 선생님들의 선생님!
호사라 박사

"초등학생 취향 저격! 집에서도 모든 어린이가 쉽게 문해력을 키울 수 있는 즐거운 활동을 선별했어요!"

★ 서울대학교 교육학 학사 및 석사
★ 버지니아 대학교(University of Virginia) 영재 교육학 박사

분당에 영재사랑 교육연구소를 설립하여 유년기(6~13세) 영재들을 위한 논술, 수리, 탐구 프로그램을 16년째 직접 개발하며 수업을 진행하고 있어요.

바빠 시리즈 초등 학년별 추천 도서

학년	학기별 연산책 바빠 교과서 연산 학기 중, 선행용으로 추천!	나 혼자 푼다! 수학 문장제 학교 시험 서술형 완벽 대비!
1학년	· 바쁜 1학년을 위한 빠른 교과서 연산 1-1 · 바쁜 1학년을 위한 빠른 교과서 연산 1-2	· 나 혼자 푼다! 수학 문장제 1-1 · 나 혼자 푼다! 수학 문장제 1-2
2학년	· 바쁜 2학년을 위한 빠른 교과서 연산 2-1 · 바쁜 2학년을 위한 빠른 교과서 연산 2-2	· 나 혼자 푼다! 수학 문장제 2-1 · 나 혼자 푼다! 수학 문장제 2-2
3학년	· 바쁜 3학년을 위한 빠른 교과서 연산 3-1 · 바쁜 3학년을 위한 빠른 교과서 연산 3-2	· 나 혼자 푼다! 수학 문장제 3-1 · 나 혼자 푼다! 수학 문장제 3-2
4학년	· 바쁜 4학년을 위한 빠른 교과서 연산 4-1 · 바쁜 4학년을 위한 빠른 교과서 연산 4-2	· 나 혼자 푼다! 수학 문장제 4-1 · 나 혼자 푼다! 수학 문장제 4-2
5학년	· 바쁜 5학년을 위한 빠른 교과서 연산 5-1 · 바쁜 5학년을 위한 빠른 교과서 연산 5-2	· 나 혼자 푼다! 수학 문장제 5-1 · 나 혼자 푼다! 수학 문장제 5-2
6학년	· 바쁜 6학년을 위한 빠른 교과서 연산 6-1 · 바쁜 6학년을 위한 빠른 교과서 연산 6-2	· 나 혼자 푼다! 수학 문장제 6-1 · 나 혼자 푼다! 수학 문장제 6-2

바쁜 친구들이 즐거워지는 **빠른** 학습서 

영역별 연산책 바빠 연산법
방학 때나 학습 결손이 생겼을 때~

- 바쁜 1·2학년을 위한 빠른 **덧셈**
- 바쁜 1·2학년을 위한 빠른 **뺄셈**
- 바쁜 초등학생을 위한 빠른 **구구단**
- 바쁜 초등학생을 위한 빠른 **시계와 시간** 
- 보일락 말락~ 바빠 **구구단판** + 원리노트

- 바쁜 초등학생을 위한 빠른 **길이와 시간 계산**
- 바쁜 3·4학년을 위한 빠른 **덧셈**
- 바쁜 3·4학년을 위한 빠른 **뺄셈**
- 바쁜 3·4학년을 위한 빠른 **분수**
- 바쁜 3·4학년을 위한 빠른 **곱셈**
- 바쁜 3·4학년을 위한 빠른 **나눗셈**

- 바쁜 초등학생을 위한 빠른 **약수와 배수**
- 바쁜 5·6학년을 위한 빠른 **곱셈**
- 바쁜 5·6학년을 위한 빠른 **나눗셈**
- 바쁜 5·6학년을 위한 빠른 **분수**
- 바쁜 5·6학년을 위한 빠른 **소수**

바빠 국어/ 급수한자
초등 교과서 필수 어휘와 문해력 완성!

- 바쁜 초등학생을 위한 빠른 **맞춤법 1**
- 바쁜 초등학생을 위한 빠른 **급수한자 8급**
- 바쁜 초등학생을 위한 빠른 **독해 1, 2**

- 바쁜 초등학생을 위한 빠른 **독해 3, 4**
- 바쁜 초등학생을 위한 빠른 **맞춤법 2**
- 바쁜 초등학생을 위한 빠른 **급수한자 7급 1, 2**

- 바쁜 초등학생을 위한 빠른 **급수한자 6급 1, 2, 3**
- 보일락 말락~ 바빠 **급수한자판** + 6·7·8급 모의시험

- 바쁜 초등학생을 위한 빠른 **독해 5, 6**

바빠 영어
우리 집, 방학 특강 교재로 인기 최고!

- 바쁜 초등학생을 위한 빠른 **영단어 스타터 1, 2**
- 바쁜 초등학생을 위한 빠른 **사이트 워드 1, 2** 

- 바쁜 초등학생을 위한 빠른 **파닉스 1, 2** 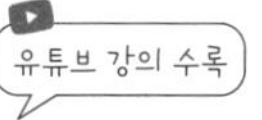

- 바쁜 3·4학년을 위한 빠른 **영단어**
- 바쁜 3·4학년을 위한 빠른 **영문법 1, 2**

- 바쁜 5·6학년을 위한 빠른 **영단어**
- 바쁜 5·6학년을 위한 빠른 **영문법 1, 2**
- 바쁜 5·6학년을 위한 빠른 영어특강 - **영어 시제** 편
- 바쁜 5·6학년을 위한 빠른 **영작문**

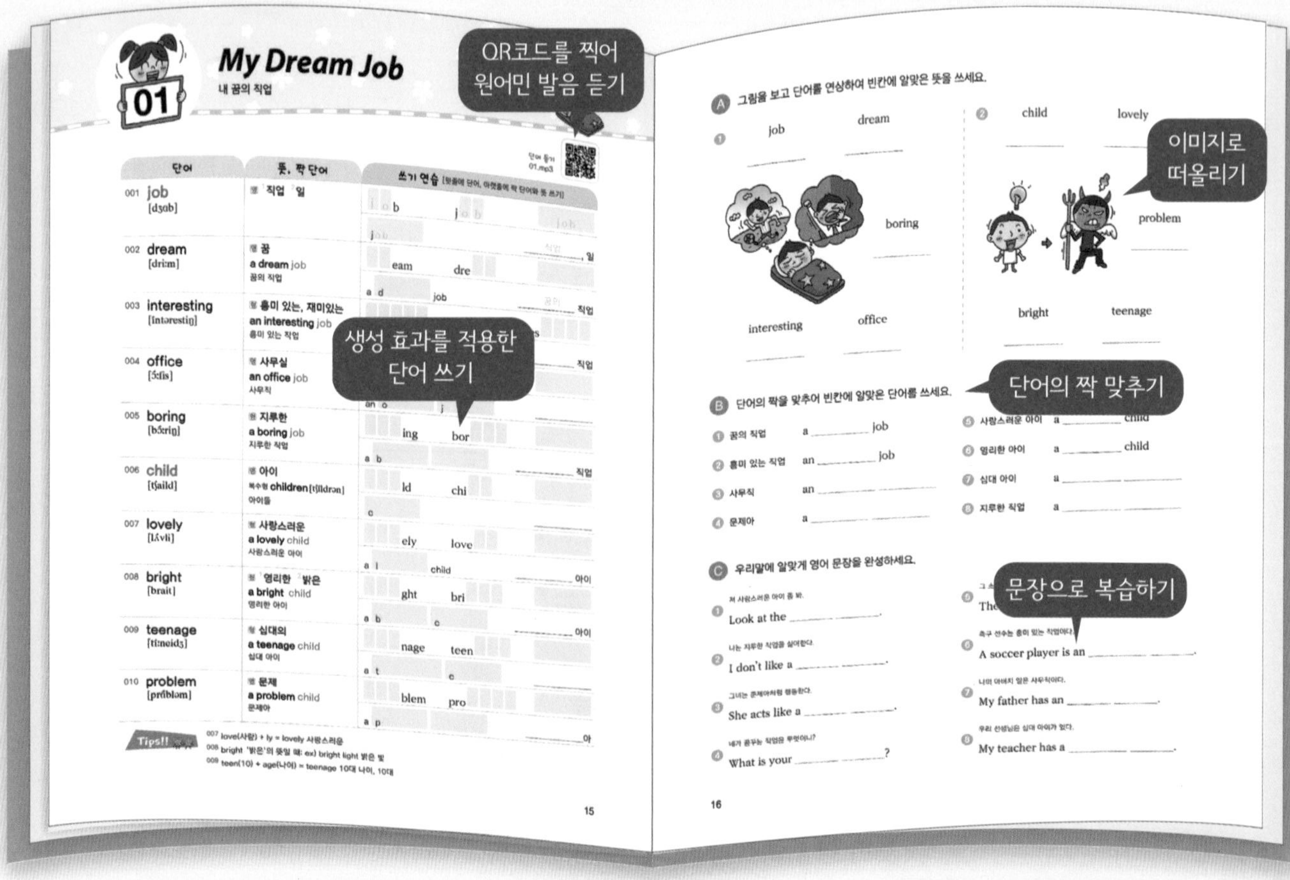